ホームページ泥棒をやっつける

——弁護士不要・著作権・知的財産高等裁判所・強制執行

作◎松本肇
画◎ぼうごなつこ

花伝社

ホームページ泥棒をやっつける——弁護士不要・著作権・知的財産高等裁判所・強制執行◆目次

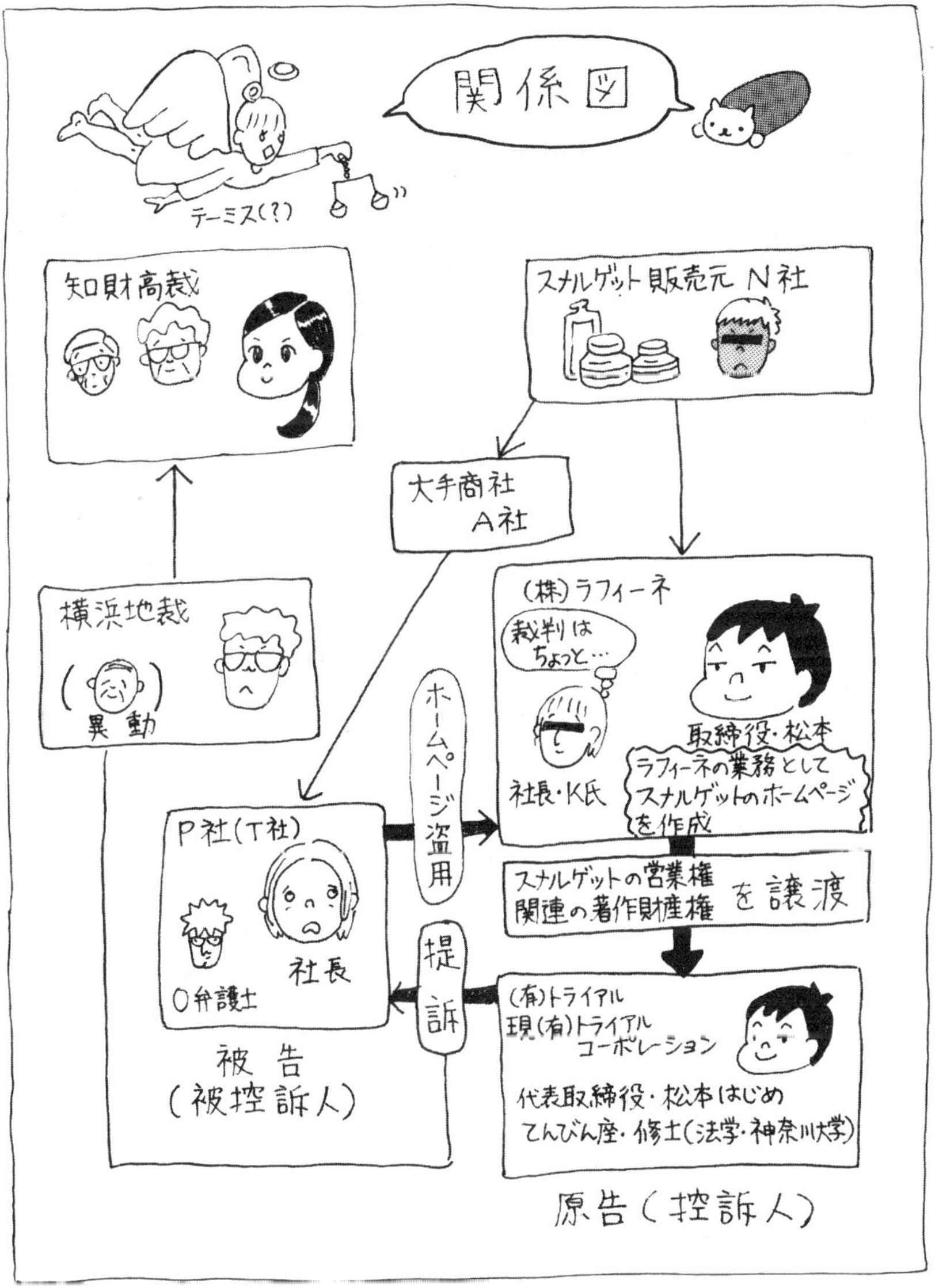
関係図
テーミス(?)
知財高裁
スナルゲット販売元 N社
大手商社 A社
横浜地裁
異動
(株)ラフィーネ
裁判は ちょっと…
取締役・松本
社長・K氏
ラフィーネの業務として スナルゲットのホームページ を作成
ホームページ盗用
P社(T社)
O弁護士
社長
スナルゲットの営業権 関連の著作財産権 を譲渡
提訴
(有)トライアル 現(有)トライアル コーポレーション
代表取締役・松本はじめ
てんびん座・修士(法学・神奈川大学)
被告 (被控訴人)
原告(控訴人)

はしがき

クイズです。

【問　題】ある人が、一生懸命になって、時間と労力をかけ、自分で調査をして、自分で写真撮影して、通信販売会社のホームページを制作しました。さて、このホームページには著作権が存在するでしょうか？

【回答者】著作権は存在する！

正解です。ではもう一問。

【問　題】そのホームページが、無断で他人に真似されてしまいました。しかも、その人は画像や記述をそのままコピーして自分の商売に使っています。この人はその後、どんな不利益を被るでしょう？

【回答者】裁判所に訴えられて、スゴイ賠償金を払わされる！

ブブー!!　そんなことはありません。

ホームページの画像なんて、いくらパクっても良いのです。警察に捕まることもなければ、損害賠償を払う必要なんて、一円もありません。

皆さん、このやり取りを聞いて、何のインチキクイズ番組かと思いませんでしたか？
ホームページに著作権があるのは当たり前の話です。他人が作ったものをそのまま真似することがいけないことだというのは、小学生でも知っています。法律を勉強したことのない人でも、「著作権」という言葉くらいは聞いたことがあるはずです。

著作権とは、自分が作ったものを勝手に真似されないために、法律で定められた権利です。もし、真似した人がいたら、裁判所へ訴えて、お金を取ることもできる権利です。

「人の作品を無断で真似してはいけない」、「真似したら罰を受ける」というのは、この私も信じていました。私は私立大学の法学部を卒業し、ついでに大学院で民事訴訟法の論文を書いて修士の学位も取った男です。論文を書くときは「他人の作品をそのまま使ったらダメ」なんてことは常識でしたし、指導教授には「他人の論文を無断で使用することは知的財産の泥棒である」なんて怒られたこともあります。

ところが、こんなインチキクイズ番組の問題のようなことが、横浜地方裁判所で、実際の事件として争われ、こんなおかしな「正解」が出てしまったのです。

皆さんご存じの通り、判決を書くのは裁判官です。裁判官といえば、一流の大学を出て、司法試験に合格し、しかもその後の司法研修所で上位の成績だった人しかなれない、天下のキャリア公務員です。その天下の裁判官様が出した判決が、「ホームページの商品画像や記述は、著作物じゃないから、原告の請求は棄却する」だったのです。原告だった私は、驚きました。

この判決は、一度でもホームページを作ったことのある人が聞けば、誰もが疑問に思うことでしょう。だって、ホームページ上の商品画像に著作権が存在しないのであれば、自分でわざわざ商品を撮影する必要ありません。どこかの誰かが撮影した商品画像を、自分のホームページに貼り付けてしまえば、こんなに楽なことはありません。

たかが画像一枚でも、その画像を撮影するのに使った技術はタダではありません。なのに、それを勝手に使っても良いなんて判決は、絶対に許せません。

この本は、ホームページの画像は著作物なのかどうかという著作権法の超基本問題を、裁判所という司法機関に問いかけた実際の記録であり、そして弁護士を依頼しなくても、自分の言葉だけで民事訴訟を闘い抜くための基本的な知識が詰まっています。

ホームページ運営者の皆さんは、他人のコンテンツを無断で使うとどのような目に遭うかを知ってください。

そしてウェブデザイナーの皆さんは、頑張って作ったホームページが、横着な泥棒に使われないよう、自己防衛してください。

松本　肇

トータルリーガルアドバイザー

I

がんばって、作ったページが盗まれる

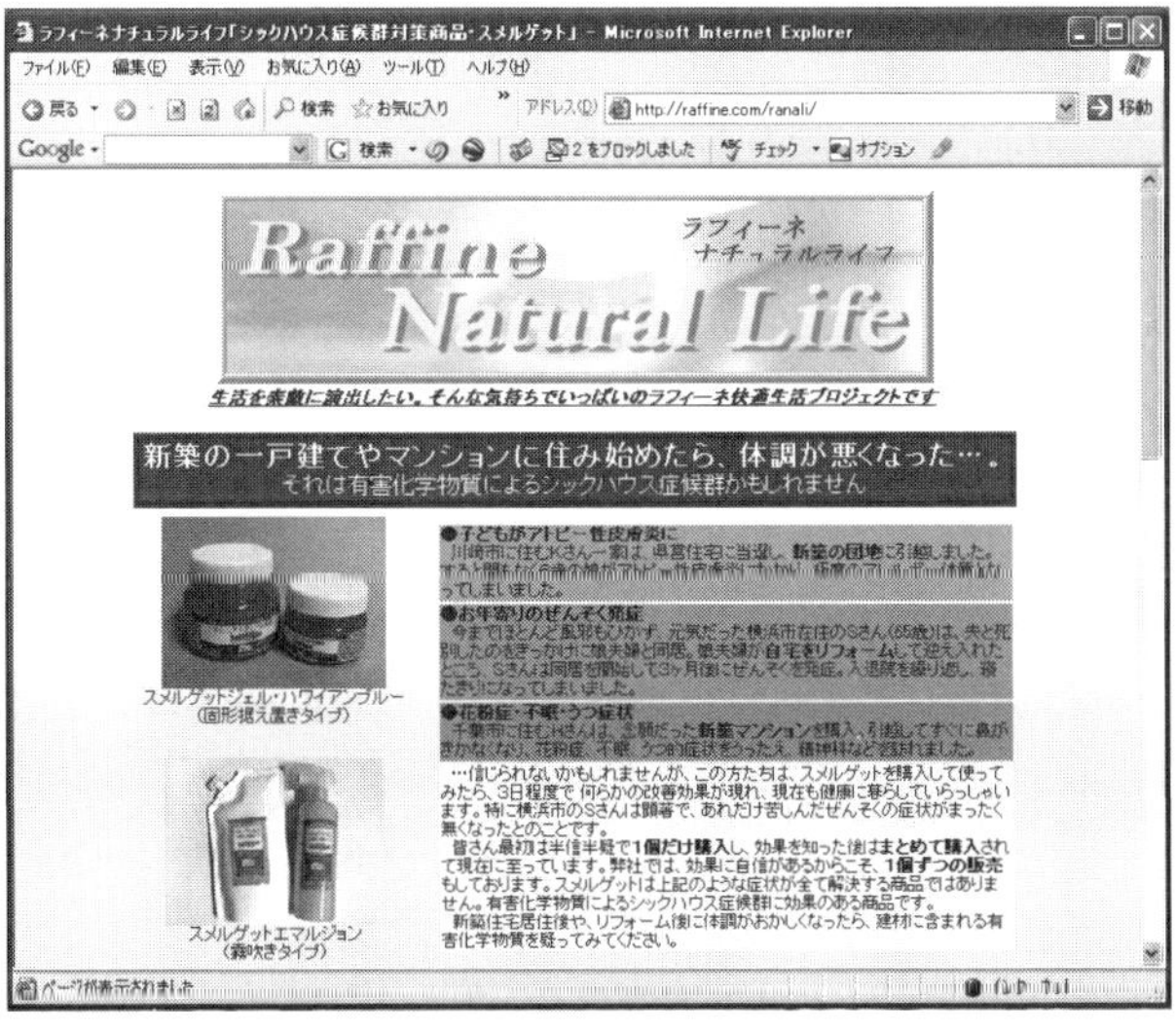

ラフィーネナチュラルライフ　http://www.raffine.com/ranali/

1　オンラインショップを作ったら泥棒されていた

▼イカした画像だと思ったら、それ、俺が撮った商品画像じゃん！

平成一三年、当時、私は「株式会社ラフィーネ」という、キャラクターグッズをインターネットで販売する、通信販売会社の取締役でした。

当時、ラフィーネは楽天市場のシステムを使って「たれぱんだ」などのキャラクターグッズを販売していました。事務所は横浜市中区山下町のシルクセンタービルにあり、商品画像はオリンパスのデジカメで撮影し、アドビ社のフォトショップで画像処理し、そしてＩＢＭのホームページビルダーを使ってホームページを作り、インターネット専業の通信販売会社として運営していたのです。

ある日、同じビルに事務所を持つＮ社から、「ホルムアルデヒド対策商品で『スメルゲット』という商品があるんだけど、おたくの会社で通信販売しないか？」と、話を持ちかけられました。

キャラクターグッズショップは、新製品が出るたびに商品を撮影しなければならず、また大きなぬいぐるみなどを販売するのもすごく手間でした。一方で、いわゆる健康商材の類は、一度だけ商品を撮影してホームページに掲載しておけば、当分の間はメンテナンスを行わずに商品を売り続けられ、しかも商品は小さいので場所をあまりとりません。こうした健康商材を扱えるというのは、ラフィーネにとってメリットですから、二つ返事で快諾したのです。

オレ流は「どんくさいけどオリジナルなホームページ」

私はホームページ制作を、全て我流で体得してきました。平成一〇年に初めて作成したホームページはマイクロソフトのワードというワープロソフトのHTML化機能を使っただけの簡易なものでした。その後、ホームページビルダーというソフトを使うようになりましたが、ろくにデザインを勉強してこなかったので、同ソフトの附属テンプレートを使い、現在もなお、素人くさいホームページ作りしかしていません。しかし、私のこだわりは「オリジナル」です。自分で商品を撮影し、なるべく自分の言葉で商品を紹介し、薬事法にも気をつけてキャッチコピーを考えたり、お得なキャンペーンなどを考えたり、試行錯誤の毎日だったのです。

どんくさいホームページだけど月商三〇万円に到達!

売り上げは順調に伸び、一個二〇〇〇円（税別）のスメルゲットという商品が、多いときで月商にして三〇万円を超えるまでになりました。この三〇万円という金額は、会社として考えると、決して高い売上ではありません。オンラインショップで一人前と呼ばれるためには、月商一〇〇万円を超えるというのが常識ですし、健康食品販売業なら月商数百万円なんて会社はザラですから、特別にすごい金額ではありません。しかし、一個一万円の健康商材ならともかく、一個二〇〇〇円の商材で、しかもインターネット専業ですから、三〇万円は快挙といっても過言ではないと思います。そして私は、この売上を投資して、広告宣伝方法をより拡充させたり、他社の健康商材も扱っていこうなんて思っていました。

売上が低迷、他社の動向を調べてみたら、イカした写真が……

平成一三年一〇月に商品の販売を始め、月商三〇万円を超えたのが平成一四年夏。ところがこの頃から売上が低迷し始めました。「シックハウス症候群」なんて言葉がテレビや新聞で報道されるようになったからでしょうか、他社からもいろいろなホルムアルデヒド対策商品が発売されるようになりました。ひょっとして、もうホルムアルデヒド対策商品なんてものが飽和状態となって、低迷期に陥ってきたのかもしれません。

そこで、ホルムアルデヒド対策商品全般についての動向や、スメルゲットを扱う他社の情報をインターネットで調べてみることにしたのです。

すると、東京都世田谷区の株式会社Pという会社のホームページを容易に発見できました。さらに、同じようなデザインの有限会社Tも発見しました。このP社とT社は同じ東京都世田谷区の同じ住所に事務所を置き、両社の代表者も同じであることから、二つの会社を必要に応じて使い分けているようです。

さて、この両社のホームページを見てみると、すごくセンスが良く、バランスの取れた商品画像を発見することができました。スメルゲットをうまく配置しているので、安心感のようなものを感じます。

しかし、その商品画像を発見した一分後、私は目を疑いました。

「これ、俺が撮影した画像じゃん！」

いやにセンスの良い商品画像だと思ったら、なんと私が撮影したものだったのです。

そりゃそうです。私自身が、商品の見栄えが良くなるように、光量や商品の配置をよく考えて撮影した画像なのですから。読者の皆さんがどう思うかは別ですが、撮影した本人なら、良い画像だと思うはずです。同業者が、私よりも商品説明等の優れたオリジナルのホームページを作成し、その結果私の会社の売上が下がるというのならわかります。我が国は資本主義で自由競争の国ですから、競争に負けた私が悪いのです。しかし、他人が撮影した商品画像を無断で使用するなんて、しかも同業で同じ商品を販売する者が、露骨に商品画像を泥棒し、しかも私が調べた商品の使用感までも無断で盗用していたのです。

ホームページの商品画像や文章を盗む行為って、営業妨害？　著作権法違反？　窃盗？

私は地元の私立大学の法学部を卒業し、同大学院の博士前期課程（修士課程）を修了し、それなりに法律を勉強してきたつもりでしたが、頭が真っ白になりました。

犯罪の被害者とはこんなものでしょうか。あまりにも頭にきたので、私は自宅のパソコンの前で、言葉にならない怒号を発していました。

とにかく証拠を集めておく

私はこの事件が起こる前、一度だけ東京地裁で本人訴訟をやったことがあります。また、大学院で民事訴訟法を専攻した、自称「専門家」です。しかし、ホームページ上の商品画像が同一のものであることを、裁判でどうやって立証すれば良いのか、全くわかりませんでした。なぜなら、相手が「自分で撮影した画像だ」と言い張ったら、どうやってその同一性を立証すればいいのかわからなかったからです。

とはいえ、裁判をやる以上は、必ず証拠を要求されることはわかっていたので、まず自分自身で自分のホームページと相手のホームページをプリントアウトし、万一「そんなホームページなど作っていない」などと言い張っても反論できるように友人二人と知人の行政書士にホームページをプリントアウトしておくようにお願いしておきました。

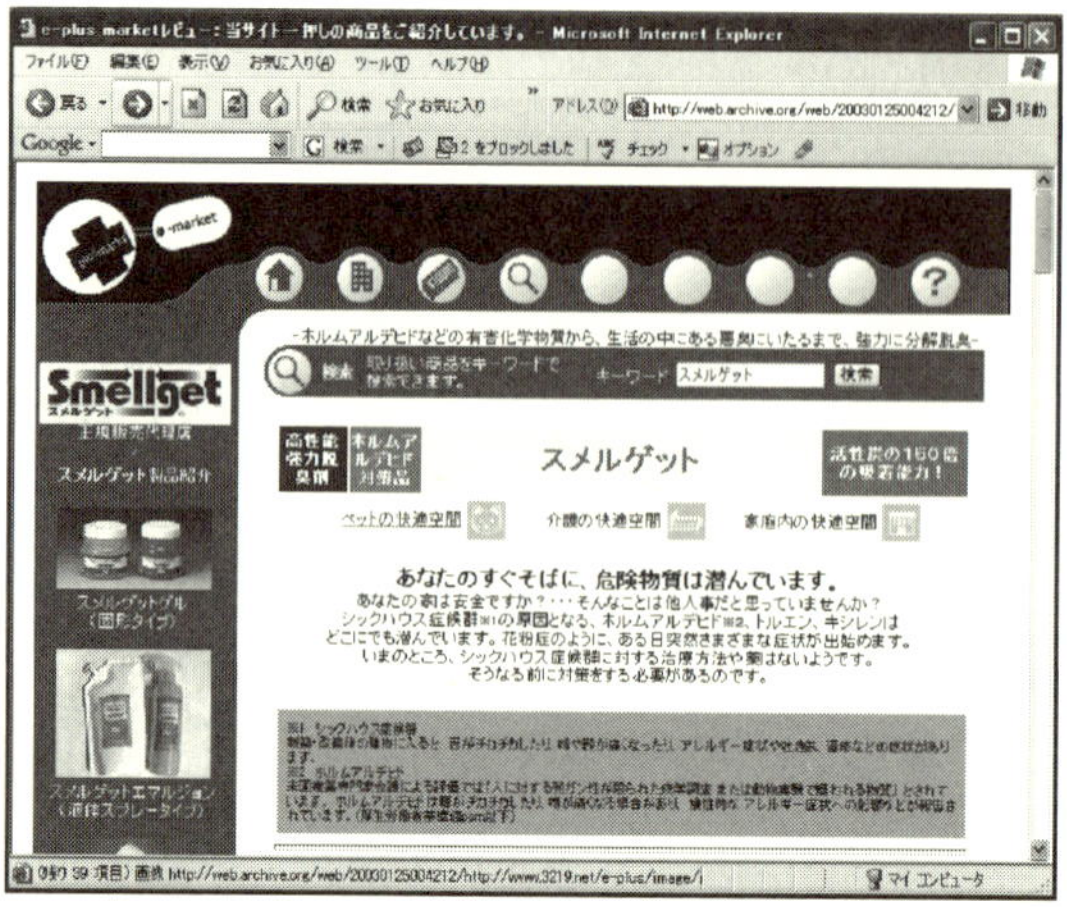

泥棒会社Ｐのホームページ

これがコピペ泥棒だ!!

①必要な道具をそろえる。
画像処理ソフト
(約10万円!)
背景
照明
デジカメ
②セッティング
ふだん
机を占拠
しているもの
③撮影
んー
④撮った画像を補正
単純な商品画像とはいえ
実はこれだけの手間とコストが
こんな手間もコストもかけず
クリックひとつで画像ゲット
カチッ
そして 何喰わぬ顔で
盗んだ画像を自分の
ネットショップで使用。
Smellget
スメルゲット

II

話し合い・円満解決・騙された

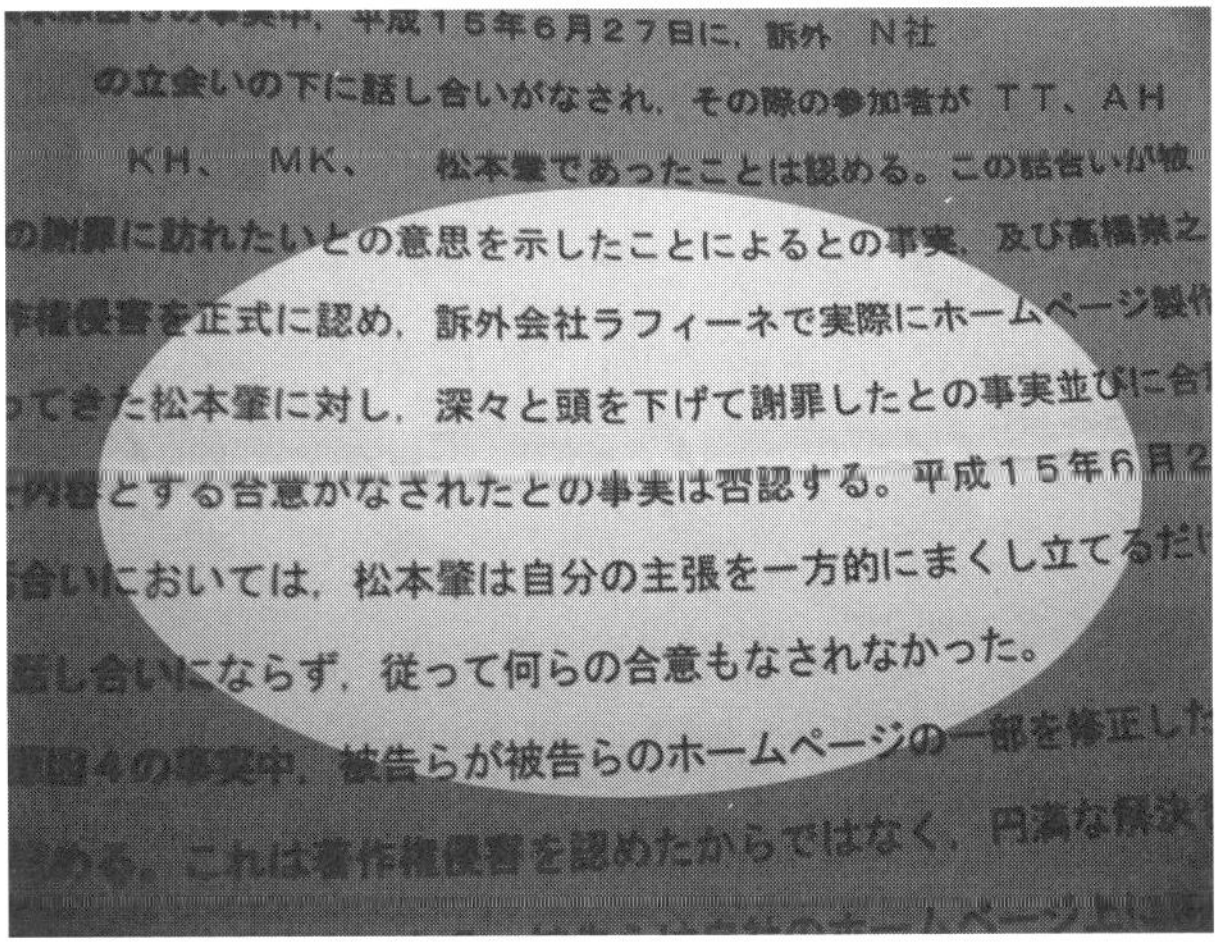
平成１５年６月２７日に，訴外　Ｎ社
の立会いの下に話し合いがなされ，その際の参加者が　ＴＴ、ＡＨ
ＫＨ、　ＭＫ、　松本肇であったことは認める。この話合いが被
の謝罪に訪れたいとの意思を示したことによるとの事実，及び高橋
を正式に認め，訴外会社ラフィーネで実際にホームページ製作
てきた松本肇に対し，深々と頭を下げて謝罪したとの事実並びに合
とする合意がなされたとの事実は否認する。平成１５年６月２
合いにおいては，松本肇は自分の主張を一方的にまくし立てるだけ
話し合いにならず，従って何らの合意もなされなかった。
の事実中，被告らが被告らのホームページの一部を修正した
これは著作権侵害を認めたからではなく，円満な解決

Ｐ社の答弁書　あれだけ謝罪したのに「謝罪なんかしていない」と主張

2　泥棒会社に解決金として二〇〇万円を請求

▼画像や文章を無断で使ってゴメンで済むと思ってんの？

今どき、集合住宅を「団地」と表現する人なんているの？

私には姉がいます。姉の家族は神奈川県が運営する新築の県営住宅（川崎市川崎区）に当選し、五年ほど生活していました。入居してすぐに、長女（私の姪）がアレルギーを起こし、アトピー性皮膚炎や鼻炎などに悩まされる日々を送るようになってしまいました。

その姪の状況を聞いた私は、いわゆるシックハウス症候群を疑い、私はスメルゲットを姉に与え、当分の間ようすを見てもらうことにしました。すると、スメルゲットを置き始めたとたん、鼻炎が治まるようになり、姪は夜もしっかり眠ることができるようになりました。

この状況を、私はホームページで「川崎市に済むKさん一家は、県営住宅に当選し、新築の団地に引っ越しました。すると間もなく六歳の娘がアトピー性皮膚炎にかかり、極度のアレルギー体質となってしまいました」と書きました。今どき、集合住宅のことを「団地」と表現する人はあまりいません。どちらかといえば､「マンション」とか「アパート」といった表現をするでしょう。私の姉の家は「〇〇団地」という名称のため、私は「団地」と表記しました。

ところがP社とT社（PとTは実質的に同じ会社なので以後、「P社」とします）のホームページにも「新築の団地に引っ越したら、子供がアトピー性皮膚炎にかかって、アレルギー体質になっちゃったの……」という記述があるのです。

この事例は間違いなく私の姪の事例で、P社は少しだけ文章のニュアンスを変えてホームページに記載したのです。よくもまぁ、ここまで恥知らずなホームページを作れたものです。

商品供給元のN社へ報告

私の作ったホームページや商品説明を盗作したP社に対し、私はスメルゲットの販売総代理店であるN社を通して抗議しました。

いきなり相手の会社に押しかけて、社長の襟首を押さえるなんて乱暴なこともできず、とりあえず商品の供給元であるN社に報告したのです。N社は、同じビルに入居する仲間です。無断で画像を使用したP社には当然にペナルティを与えるべきで、必要に応じて販売代理店契約を解除することも含めて解決に乗り出すはずだと思いました。

だって、努力してホームページを作ったのは私で、無断で使ったのはP社です。少なくともラフィーネや私の権利を守ってくれるはずだと思っていました。

文章や画像を作る、産みの苦しみ

商品の解説文は、単に効果・効能を書けば良いというものではありません。商品の特性を多方面からとらえたり、購買者層を研究して事例を考えたり、キャッチコピーを考えたり、実に多くの作業を要します。健康商材の場合、書き方によっては薬事法や景品類及び不当表示防止法にひっかかる可能性もありますから、あらゆる雑学・法律知識を駆使して文章を作成しなければなりません。こうした作文能力は、P社の連中にはなかったようです。

また、商品画像についても、何をどこにどうやって配置をすれば美しくなるかとか、ブレやピンボケにも配慮して撮影しなければなりません。私は狭い会社の事務所の中で、効果的な照明の使い方や商品の配置を考え、締め切った部屋の中で撮影したものですから、汗だくになりながら撮影しました。シャッターを押す瞬間にブレないよう、呼吸を止めたりもしていたのです。

私のホームページ作りにおけるモットーは、「どんくさくても自分のオリジナル」ですから、労力を惜しみません。こんな商品画像や文章だからこそ、P社は盗んだのでしょう。

N社は有力商社との板挟みで弱腰

スメルゲットという商品は、メーカーが製造したものをN社が総販売代理店として取り仕切り、その下に一次代理店、二次代理店が存在するという販売方式でした。私はN社と同じビルに入居していたよしみで一次代理店扱いでしたが、泥棒会社のP社は、N社との間にもうひとつ総合商社のA社を置いていました。このA社はP社だけでなく、大手量販店やホームセンターなど、手

P社に抗議

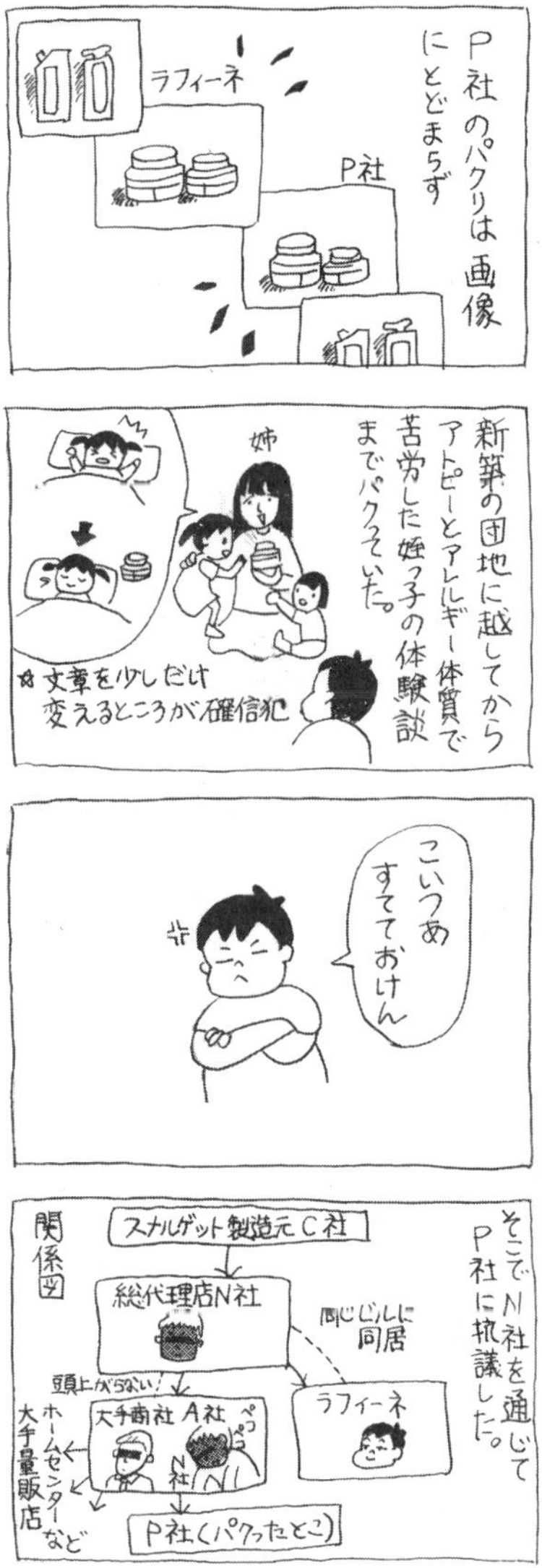

無視するP社に作戦決行

「スメルゲット」の商品の流れ（図）

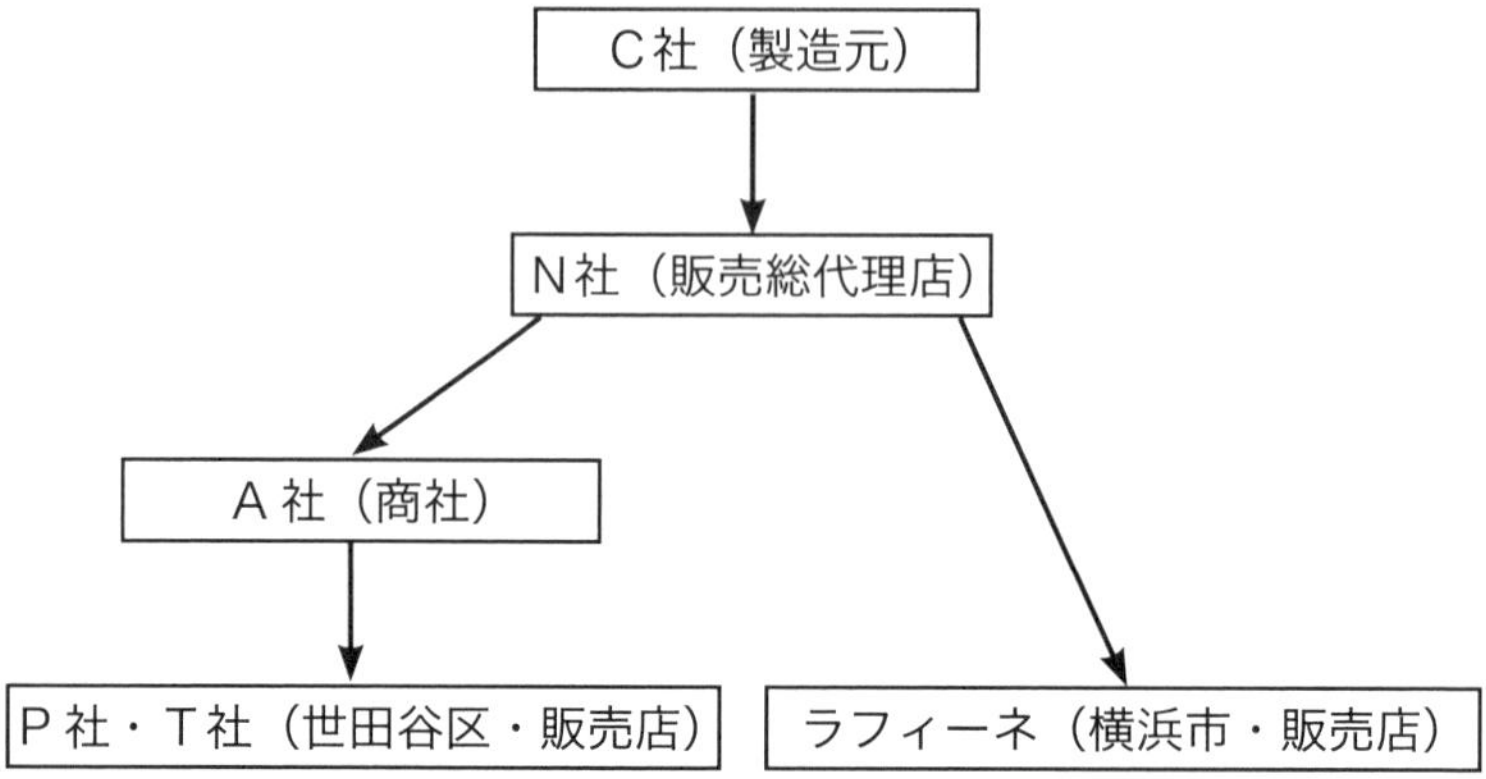

広く販売店と取引しており、N社はA社に頭が上がらなかったようです。

本来であれば、同業者の商品画像を無断で盗用するなんてことは、商慣習上も許されませんし、少々法律に疎い人でも、「著作権上の問題が生じそう」くらいは思うはずです。だけど、私たちが強硬に抗議しても、N社はP社との取引を続け、A社の影響力に乗じてP社は問題の画像を使い続けました。

頭に来たので抗議文を作成して二〇〇万円を請求

弱腰のN社を通して、問題の画像や商品紹介文を使うなと言われても、それを無視して使い続けるP社。小学生でも他人の著作物を勝手に使ってはいけないことくらい知っています。

なのに、P社は削除することなく、いつまでも使い続けます。言語道断です。

私は「すぐに当該画像や商品紹介文を削除し、慰謝料（著作権使用料）として金二〇〇万円を支払え」という通知書を作成して、N社に託しました。

私は当時、ラフィーネ社の取締役であると同時に、ある化粧品会社の広告アドバイザーとして、月額一五万七五〇〇円の収入を得ていました。今回のこの泥棒会社二社は、私の広告アドバイザーとしての働きをタダで使ったのですから、平成一四年一一月から平成一五年五月までの報酬として、約二〇〇万円を請求したのです。

こんな金額が貰えるなどとは少しも思っていませんでしたが、これだけ怒っているということを相手に伝えるため、二〇〇万円という金額を提示したのです。

P社の社長が画像・文章の無断使用を謝罪

さすがに二〇〇万円の請求を出されて驚いたらしく、P社の社長は、N社を通して謝罪したい旨を申し出てきました。

ゴメンで済んだら警察も裁判所もいりませんが、誠意を持って謝罪するのなら、許してやる気持ちがありました。私も鬼じゃないですから、盗んだ本人が全てを詫びて、相応の態度で謝罪するのであれば……と思っていたのです。

3　泥棒会社の社長が謝罪にやって来る

▼従業員が勝手にやったって？　使い古された言い訳するのね。

平謝りする「爆笑問題・田中」

私がN社を介して強硬に抗議したところ、さすがに放置しておくわけにはいかず、P社の社長がやってきました。忘れもしない、平成一五年六月二七日の午後三時です。

入居しているビルの六階会議室に現れたP社の社長は、お笑い芸人の爆笑問題・田中の身長を一七〇センチくらいにしたような風貌でした。

他人の著作物を無断で盗用したことが著作権を侵害する「犯罪行為」で、私がその犯罪行為について抗議しているということはそれなりに理解しているようで、開口一番「このたびは、本当にご迷惑をおかけして申し訳ありません」と終始平謝りモードのP社社長でした。

N社のホームページと勘違いしていた？

P社社長の言い訳を一通り聞くと、私が作成したラフィーネ社のホームページを、なんとスメルゲットの販売総代理店N社のホームページと勘違いしたのだと主張します。そして従業員のHという女性が、自分で撮影する手間を惜しんで無断でコピーしたのだそうです。商慣習や商売の常識から言うと、販売総代理店が提示した資料をコピーして自社の販売資料とするのは普通のことです。しかし、本当にラフィーネ社のホームページを販売総代理店のホームページと勘違いしたのなら、商品説明文もまるきり同じでなければ理屈に合いません。しかし、P社は商品説明文の表現を微妙に変え、後で全文コピーしたと言われないような手直しをしているのです。

それに、何カ月も前から指摘しているのに、問題の画像をいつまでも使い続けていた理由は「どの画像のことを言っているのかわからなかった」のだそうです。アホかと思いました。

泥棒社長が逆ギレ「じゃあ、どこをどう直せばいいんですか！」

私は一貫して、私が作成した商品画像と商品説明文を削除しろと主張してきました。それを私たちから指摘されているのに、きちんと直さないで使っているのが問題です。この日の面会で、私から散々説教されたこのP社社長は、いよいよ逆ギレして口を開きました。

「じゃあ、どこをどう直せばいいんですか！」

私も長い経営者経験の中で、いろんな人間を見てきました。しかし、人から著作権侵害を指摘されて、自ら謝罪に来ていながら、どこがどう著作権侵害で、どこをどう直せば良いかも理解できない人物が会社社長をやっているというのが滑稽でなりません。

ちなみにこのP社、自社のホームページにはきちんと「このページには著作権が存在し、無断盗用は許さない」なんてことを明記しています。他人のホームページからコンテンツを泥棒しておいて、自社のホームページに著作権を表示するのだからずうずうしい。

そして私は一言。

「そんなの自分で考えろよ。それくらいのこと理解できないなら、ホームページで商品販売なんてするなよ！」

自分の立場をやっと理解できたP社社長は、さすがに自分がおバカな質問をしたことを自覚し、黙りました。

損害賠償は一〇万円？　すぐに削除・訂正・オリジナルホームページ

P社長が、その場逃れの言い訳をしたり、ろくに著作権のことを理解していないくせに著作権を表示したり、それでいて他人のコンテンツを継続して利用している様子を聞いて、さらに私は頭にきました。それでも、「私どもは手間やコストを惜しみ、内容の濃い松本さんのホームページをそのままコピーして使ってしまいました。この償いはきちんとさせていただきます」なんて謝罪すれば、許してやるつもりでした。なぜなら、一〇〇万単位のお金を貰っても、その場限りです。同じ「スメルゲット」を販売する仲間として考えれば、無用な争いは避け、適当なところで和解すべきと思っていたからです。

しかし、このP社社長は全面的に謝罪するというよりは、従業員が勘違いしたせいにして言い逃れをしようとするのです。最高責任者でありながら、従業員のせいにするという姿勢がまたふざけています。そこで、私は一喝しました。

「あなたね、おたくがやった行為は泥棒なの。著作権侵害といって、犯罪なの。問題の画像も文章も削除しないで、賠償金も持参しないで済むと思ってるの？」

すると、Ｐ社社長は「迷惑料として一〇万円をお支払いしようかと思っています」と、金の話をしてきました。

一〇万円という金額が高いのか、はたまた低いのか、私にはわかりません。とりあえず金を払うと言うし、相手を罵るだけでは時間が無駄ですから、この態度を以て反省しているものと判断し、次のような条件を相手に提示しました。

①　ただちにＰ社が管理するホームページは削除する（無期限停止）。

②　問題の画像や文章を削除し、完全にオリジナルのページを作成したら、松本（私）の許可を得てＰ社はそのホームページを再開することができる。

③　損害賠償額は後日、再び話し合いをして決定する。

要するに、無断で使用した画像や文章を削除し、著作権侵害の有無を私が確認した上でホームページの運営再開をするという約束です。これはさほど難しいことではありません。

ちなみに、オリジナルのホームページを作成し、きちんと謝罪してきたら私は本当に許すつもりでいました。「本当に申し訳なかった」という気持ちを示せば、一〇万円のキャッシュよりも、菓子折り一つで許してやってもいいと思っていたのです。

平成一五年六月二七日夕刻、問題のホームページは消滅

Ｐ社社長との面会をした日の夜、私の画像と文章を掲載したホームページは、スメルゲットの部分だけ完全に消去され、閲覧が不可能になりました。

何もかも従業員のせいにしたり、私が請求する損害賠償額二〇〇万円を一方的に一〇万円と言ってきたりする態度は不愉快でしたが、まぁ、問題のホームページを削除すると約束したことをすぐに実行したので、私は許してやるつもりでいました。したがって、後は「このようなホームページに変更しましたので、確認してください」といったメールやＦＡＸがＰ社から届くものだと思っていました。

口約束はトラブルの素

このＰ社社長との面会時、私とＰ社社長のほか、ラフィーネの代表取締役のＫ社長と、立会人として販売総代理店のＮ社のＨ社長と同社の営業担当の女性従業員がいました。合計五人です。

私とＰ社社長の他に三人いれば、後で話をひっくり返したりすることはないだろうと思って、これといった和解契約書の類は交わしませんでした。

今になって考えると、せめて会話を録音しておくなり、ちょっとしたメモ用紙に和解条項を記載して署名させておくべきでした。人の記憶は後からいくらでも嘘がつけますが、録音や書面は

P社が謝罪にやってきた

そう簡単に偽造できないからです。実は、これから二年に渡る憤慨の日々は、この口約束から始まるのです。しかし、逆に考えると、この時の記録がないからこそ、後に画期的な判決が出されることになった訳ですから、神が私に与え賜うた試練だったのかもしれません。

4 本当に弁護士？　誤植だらけの内容証明

▼こらまたひどい内容証明が弁護士名で送られてきた

いきなり「催告書」って？　いったい何を催告するの？

コンテンツ泥棒会社のＰ社社長との面会が済み、数日の間は平和な日々が続きました。相手は謝罪したし、ホームページも運用を停止しているし、わずか数日の間にスメルゲットの売上も伸びてきました。これで紛争は解決したかと油断していたら、平成一五年七月三日、東京都港区に事務所を構えるＯという弁護士の名前で内容証明郵便が届きました。

封を開けて読んでみると、先日深々と頭を下げて反省の態度を示していたＰ社が、どうやら弁護士に相談して送ってきた内容証明のようです。なぜか題名は「催告書」となっています。

辞書で「催告」の意味を引いてみると、「債務の履行を告げ、相手に促すこと」とありました。私はＰ社とＴ社に金なんて借りていません。それどころか、私と私の会社は著作権侵害という犯罪の被害者ですから、金を払えと催告するのは私の方です。つまり、常識的にも、法律的にも、催告書を送る権利を持っているのは私の方です。素人目に見ても、「催告書」ではなくて「通知書」

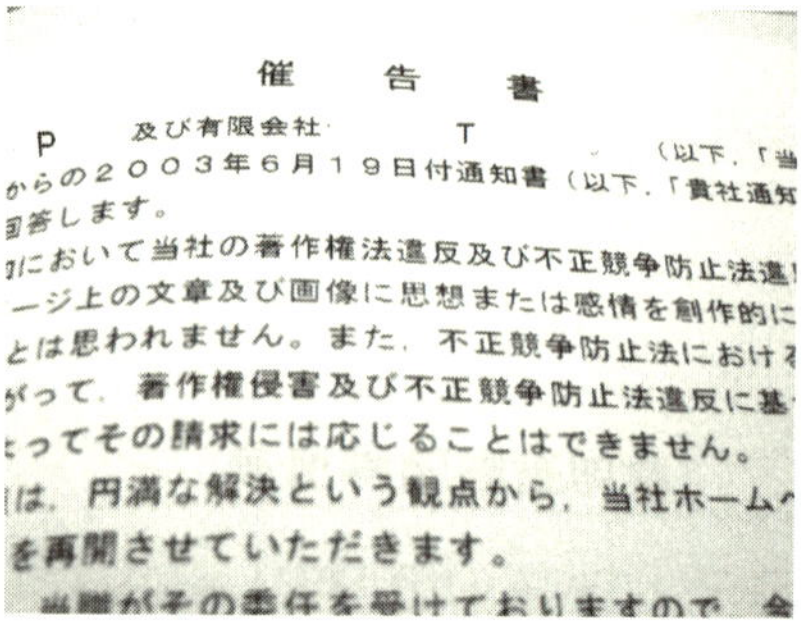
催　告　書
P　及び有限会社　T　（以下，「当
からの２００３年６月１９日付通知書（以下，「貴社通知
回答します。
において当社の著作権法違反及び不正競争防止法違
ージ上の文章及び画像に思想または感情を創作的に
とは思われません。また，不正競争防止法におけ
がって，著作権侵害及び不正競争防止法違反に基
ってその請求には応じることはできません。
は，円満な解決という観点から，当社ホーム
を再開させていただきます。

問題の「催告書」

と書くべき題名です。私はこれを見て、「ああ、P社のやつら、あまりにも悔しくて弁護士を騙って、嫌がらせで内容証明出しているんだな」と笑ってしまいました。

日弁連の検索システムで調べたら実在の弁護士だった

もし、P社の奴らが弁護士を標榜して嫌がらせをしているのであれば、警察に届けようと思い、念のため、日本弁護士連合会が運営しているホームページで弁護士の検索をしてみたところ、O弁護士は、第二東京弁護士会の実在する弁護士でした。そこで、ラフィーネのK社長がこの弁護士に電話で問い合わせてみると、どうやらほんまもんの弁護士だったのです。

内容証明によると、「P社のホームページで使用している商品画像や文章は、著作権法違反や不正競争防止法違反にも当たらないし、損害賠償には応じられない。しかし、円満な解決をはかるため、指摘の部分（画像や文章）については当社ホームページから削除する。今後は全ての連絡をO弁護士にしてくれ」とありました。つい数日前に面会し、P社社長が私に深々と頭を下げて謝罪したことや、損害賠償については全く触れていません。

さて、このO弁護士ですが、インターネットで検索してみると、過去に弁理士として登録していたこともあったようです。弁理士といえば、特許や商標といった知的財産権のスペシャリストです。そのスペシャリストが「インターネット上の商品画像は著作権法違反ではない」と断言しているのだから、そうなのかもしれないと思いました。

しかし、どんなに偉い大センセイに言い負かされたとしても、「じゃあ、これからは他人のホームページから無断で画像や文章を盗ってきてもいいのか？」という疑問が残ります。

普通に考えれば、そんなこと許されるわけがありません。他人の作ったものを、無断で使っても良いなんて理屈は聞いたことがありません。もしそんなことを平気で言う法律家がいたら、法律家としての資質を疑います。弁護士は、一部の例外を除き、法律専門職として最高峰の難易度を誇る「司法試験」に合格した者しかなれません。なのに、こんなおかしな内容証明を送って来たのです。法律家のくせに法律解釈も常識もねじ曲げているようにしか見えませんでした。非常識にも限度があります。

とりあえず様子を見てみることにした

問題の内容証明を受け取り、頭に来た点は多くありますが、私は次の理由から、当分の間、様子を見ることにしました。

まず、P社社長と面会した際に和解合意書のようなものを作成しなかったし、損害賠償請求額も具体的に決定していなかったので、この時点で事を荒らげても「そんな合意をした記憶はない」

と言われれば、それまでです。

次に、P社は弁護士を使って内容証明を私に送ってきた点です。一般に、内容証明一通を弁護士に依頼すると、その報酬は五万円程度と言われています。つまり、P社は私たちに対し、決して安くない費用を負担して弁護士を使ってきました。これはそれなりに金銭的なダメージを受けていることになります。

そして、弁護士と付き合っているということは、それなりに法律家のアドバイスを受けて、法律を遵守するようになるのではないかと思ったからです。最近は法律家を顧問にして、コンプライアンス体制（法令遵守）を整備するなんて会社も多く、今回の苦い経験から、せめて「他人のアイディアを盗んで商売しよう」なんてことは二度と考えないだろうと思ったからです。

ことごとく破られる性善説

P社がインターネット上で再びスメルゲットを売り始めて一カ月ほど経過すると、今度は著作権法ギリギリの広告・宣伝方針を打ち出してきました。

ラフィーネ社がホームページで「一五〇〇円からのホルムアルデヒド対策」なんてキャッチコピーを表示すると、P社は「一五〇〇円でホルムアルデヒド対策」というキャッチコピーを表示する。液体タイプのスメルゲットを販売する際に、ミニスプレーボトルをオマケに付けると、P社は「スプレーボトルを無料で」なんて、同じようなキャンペーンを打ち出してきます。

もともと彼らがオリジナルのホームページを作っていて、著作権侵害の問題が全く生じていな

謝罪・支払すべてナシ？

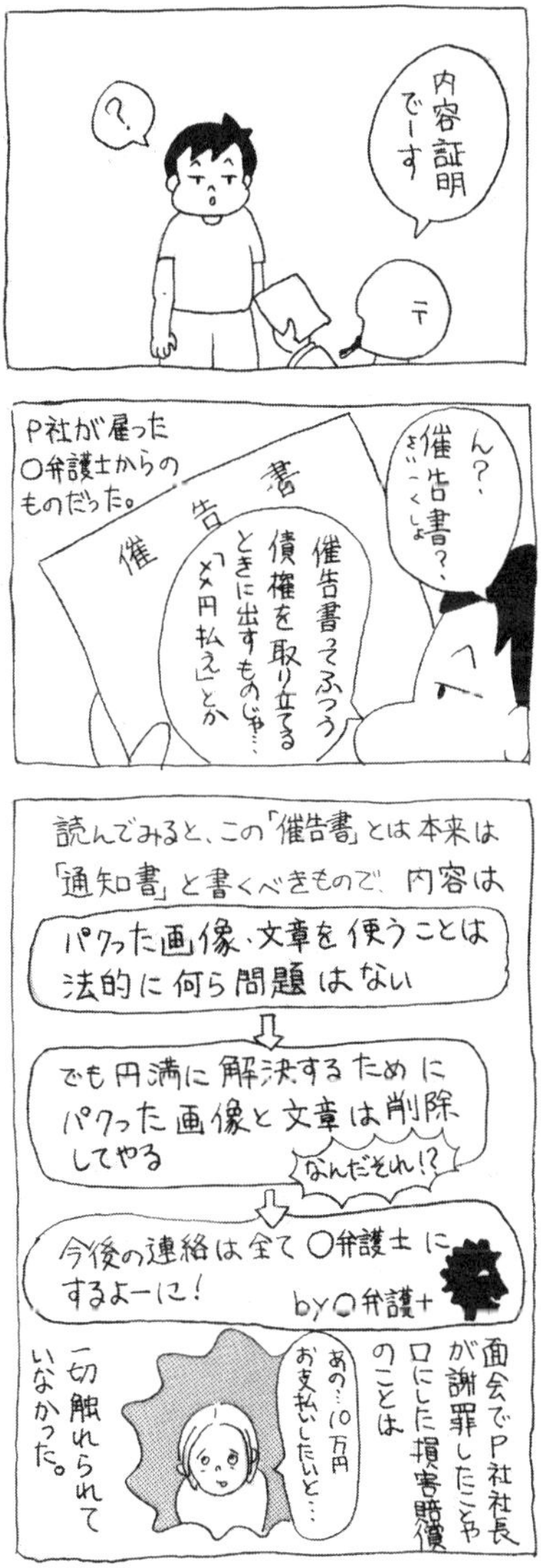
内容証明でーす
?
P社が雇った○弁護士からのものだった。
ん?、催告書《さいこくしょ》?、
催告書
催告書ってふつう債権を取り立てるときに出すものじゃ…「×円払え」とか
読んでみると、この「催告書」とは本来は「通知書」と書くべきもので、内容は
パクった画像、文章を使うことは法的に何ら問題はない
でも円満に解決するためにパクった画像と文章は削除してやる
なんだそれ!?
今後の連絡は全て○弁護士にするよーに!
by○弁護士
面会でP社社長が謝罪したことや口にした損害賠償のことは一切触れられていなかった。
あの…10万円お支払いしたいと…

ラフィーネを市場から排除

頭来るけど様子みるとするか
弁護士がついたからには少なくともこれ以上違法なことはしてこないだろう
ところがどっこい!!
P社はラフィーネに対して著作権ギリギリのいやがらせをしてきたのだ。
キャッチコピー
「1,500円からのホルムアルデヒド対策」
P社
1,500円からホルムアル
キャンペーン
「エマルジョンタイプをお買上げの方にミニスプレープレゼント!」
P社
スプレーボトル無料で
さらに追い討ちをかけるようなことが…
えっ
松本さん、N社がスメルリットを卸してくれません!何度きいても「不良品がでた」の一点張りで…
とりつくしまがありません!
他の販売店に問い合わせても
えっ不良品なんてでてない!?
どーしよー
注文してくれたお客さんに何て言おうー

いのであれば、同じようなキャンペーンを打ち出してきても、それは「自由競争の範囲内」かもしれませんが、つい先日まで泥棒ホームページで商売してきたP社が、弁護士を付けたとたんに非礼な営業戦略を行ってきたのです。つまり、P社は法令遵守なんてどうでもよくて、「儲かるためなら犯罪にも手を染め、文句を言われたら弁護士を使って圧力をかける」という会社だったと言わざるをえないのです。そこまで姑息な手段を講じる会社だとは思いませんでしたが、裏切られました。

P社の最終兵器「ラフィーネ社をスメルゲット販売代理店から排除」が実行される

平成一六年三月、ラフィーネはスメルゲットの総販売代理店N社から商品の供給をストップさせられてしまいました。理由は不明です。ただ、N社の説明によると、「スメルゲットに不良品が生じたのでラフィーネには供給できない」の一言でした。

しかし、P社をはじめとする他社スメルゲット販売店は、何ら問題なくスメルゲットを販売しています。客を装って各社に問い合わせても「不良品なんて事実はない」との回答でした。

明白な証拠はありませんが、P社とトラブルばかり起こしているラフィーネを疎ましく思ったN社とA社が結託してラフィーネを排除しようとしたのだと確信しました。

それなら私にも考えがあります。訴訟です。

Ⅲ

泣き寝入り？　誰が許すかこのドロボー！

——本人訴訟第1ステージ

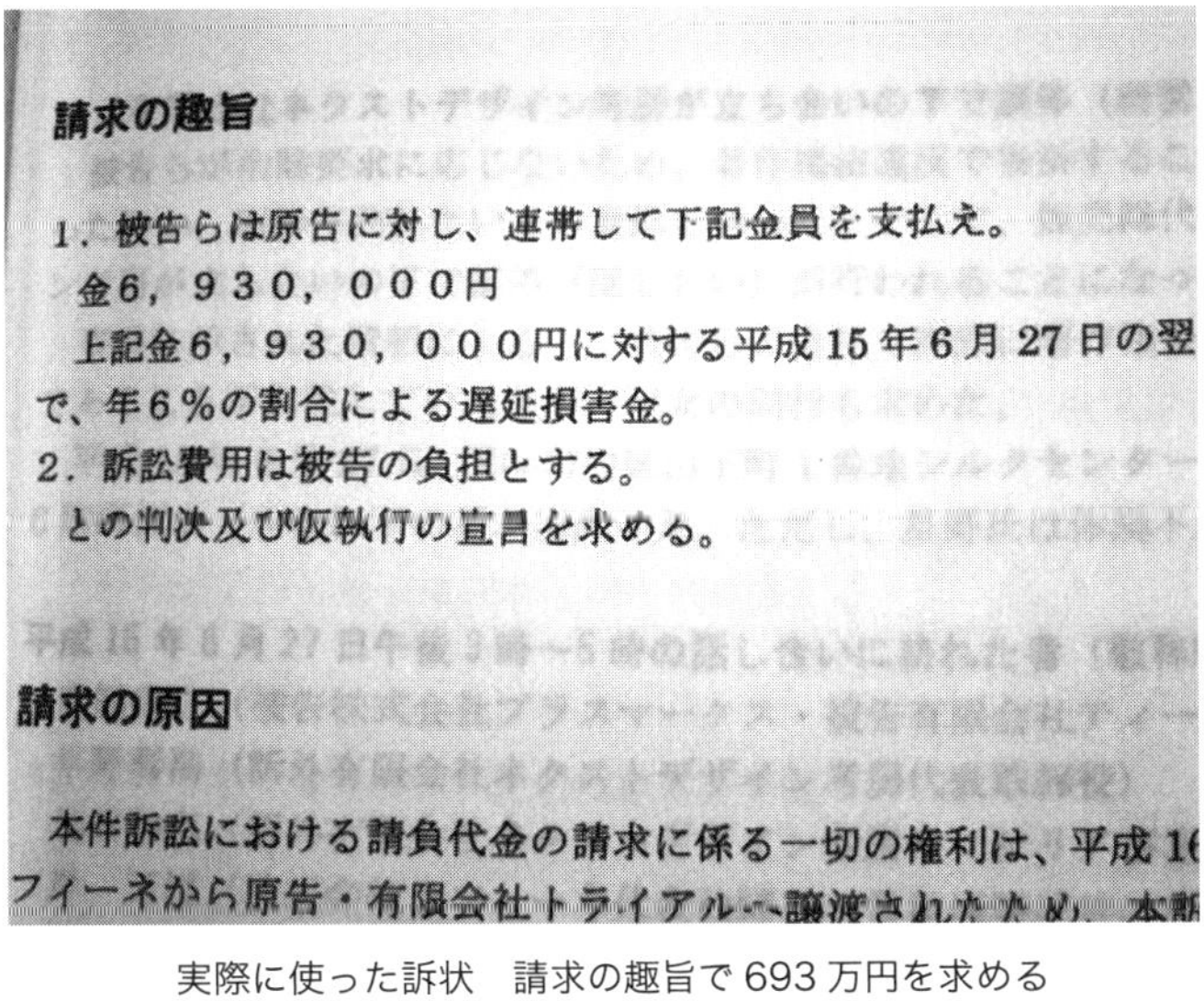

請求の趣旨

1．被告らは原告に対し、連帯して下記金員を支払え。

金6，930，000円

上記金6，930，000円に対する平成15年6月27日の翌

で、年6％の割合による遅延損害金。

2．訴訟費用は被告の負担とする。

との判決及び仮執行の宣言を求める。

請求の原因

本件訴訟における請負代金の請求に係る一切の権利は、平成16

フィーネから原告・有限会社トライアルへ譲渡されたため、本訴

実際に使った訴状　請求の趣旨で693万円を求める

5　専門家に聞いても無駄なのか？

▼弁護士・弁理士・行政書士、口をそろえて「難しいねぇ」

法律家に質問してみる

訴訟を行うといっても、ラフィーネ社には顧問弁護士はいません。我が国のほとんどの中小企業は顧問弁護士を依頼していませんが、私の会社もそうです。

私はたまたま陪審裁判を考える会（http://www.baishin.com/）といった市民団体や学会に所属していたり、法律関係の雑誌で記事の執筆を依頼されたりすることもあったことから、法律家の知り合いは多くいました。

そこで会合や会食のたびに、ホームページを真似された被害について、どういう救済方法があるのか、弁護士・弁理士・行政書士・大学教授の皆さんに質問してみることにしました。

口をそろえて「難しいねぇ」

「ホームページの画像を無断で使用されたので、裁判を起こすつもりです。勝てると思いますか？

損害賠償額はいくらになると思いますか？」

このような質問をすると、専門家の皆さんは、口を揃えてこう言います。

「勝てるかどうか微妙だねぇ」

「勝てたとしても、損害額を算定するのが難しいね」

「同様の事件で敗訴している例もあるみたいだよ」

皆さんが口を揃えて「無理」との判断です。

なぜ「著作権で争って得られる金は少ない」のか

専門家や著作権に詳しい友人・知人にこの件を相談すると、著作権訴訟について、「著作権で争ってもお金にはならないよ」と言います。

例えば、あるコンピュータソフト会社が開発したパソコンソフトがあります。このソフトは店頭価格で一万円だったとします。このソフトを買ったA氏が、自宅のパソコンを使ってCDにコピーし、一枚五〇〇円で販売したとします。その販売枚数は一〇〇〇枚に上り、A氏は五〇万円の売上を手にしました。CD一枚は三〇円くらいですから、ざっと四七万円の利益です。

この場合、この被害ソフト会社の損害を算定しようと考えると、一万円のソフトが一〇〇〇枚売れた時の一〇〇〇万円なのか、それとも違法にコピーをして販売したA氏が生んだ利益の四七万円なのかで争いが生じます。被害会社は「一〇〇〇万円の売上が見込めた」と主張するし、A氏は「一万円では売れないが、五〇〇円だからこそ一〇〇〇枚売れたのだ」と主張するでしょう。

どちらが正しいのかわかりませんが、裁判所はＡ氏の主張を認めるのではないかと思います。

また、ある写真週刊誌（一冊五〇〇円）が、ものすごい特ダネ写真を入手して、新聞や電車の中吊り広告で必死にアピールしたが、出版社の従業員がその写真を雑誌の発売日前に入手し、友達のＢに一万円で売却したら、Ｂはそれをスキャナーで読み込んで、会費一〇〇円のホームページに掲載し、五万人のアクセスがあって五〇〇万円を手にしました。いっぽう、写真週刊誌の方は、一〇万部は確実と思われていた雑誌の売れ行きが、五万部しか売れなかった場合、裁判所に一〇万部の売上に見合う損害賠償を求めても、逸失利益の算定基準を、売上の二五〇〇万円とするかＢが手にした五〇〇万円とするかは疑問です。

悲しいことに、我が国の損害賠償の算定は、ある程度の利益が得られると認められた場合の範囲であって、「もっと利益を得られたかもしれない」というのは、まず認められないのです。

だから、専門家の多くは「あまりお金は取れないよ」とアドバイスするのです。

アメリカなどでは民事でも陪審制度があり、「懲罰的賠償金として一〇〇億円」なんて評決が出ることもあるのですが、我が国では「十分に予測可能な損害額を補填するだけ」なのです。

「君が訴えて判例を作ればいい」

私が質問した専門家の共通意見は、「損害賠償を請求するのは難しい」でした。仕方がないものなのかもしれません。全く同じケースの判例がないのに「勝てる」と断言するわけにもいきませんし、版画を撮影した写真の著作物性を否定する判例もあります。また、勝てたとしてもホームページの著作権侵害の損害賠償額なんて、たかが知れています。私が高名な芸術家ならまだしも、素人に毛が生えた程度のホームページ制作者ですから、愚問だったのでしょう。

しかし、唯一、私が大学院生だったときに指導教授だった恩師がこんなアドバイスをくれました。

「やってみなきゃわからないし、判例がないなら君が作ればいいじゃないか」

私は大学院生時代に教授から教わった一言を思い出しました。

負けてもいいから相手と同じ土俵で闘うことが大切

私は大学院生時代、民事訴訟は真実を発見するための制度ではなく、紛争解決のための制度なのだということを、指導教授から幾度も言われていました。そして、「負けてもいいから相手と同じ土俵で闘うことが大切」とも言われていました。

これは、問題が生じて権利を侵害されているのに泣き寝入りしてしまうと、相手は調子に乗ってもっと重大な権利侵害を行ったり、他者に対しても同様の行為を行ったりすることに通じます。典型的な例が、会社内のセクシュアル・ハラスメントです。上司の性的嫌がらせを受けて、自分一人が我慢すれば良いと一人の女性が泣き寝入りをすると、嫌がらせはエスカレートし、他の従業員にも被害が及ぶというものです。

こうした違法行為は、その行為を表面化させて、裁判所という公の場所で、裁判官の前で主張をぶつけ合うことで、相手方の不当な行為を未来に向かって抑止することもできるし、早期の解決が望めるのです。「同じ土俵」とは法廷のことです。

私は小中学生時代、同級生から恒常的・暴力的なイジメを受けていました。私は腕力に自信がなかったので、ずっと泣き寝入りしていました。しかし、一度でいいから、相手に反撃していれば良かったと今では思っています。「あいつをイジメると反撃されるかもしれない」という抑止力によって、関係が改善する可能性があったのです。

今回、私の作品の著作権を侵害したこの泥棒会社のＰ社は、一度した謝罪も後で撤回したくらいですから、全く反省していません。反省しない奴が、弁護士のお墨付きを貰って、大腕を振って生きているのです。法学部で学んだ者として、こんな泥棒会社を許しておけません。闘うことで相手の違法行為を抑止させることができるし、仮に負けても本人訴訟なら数万円のコストで済みます。これが民事訴訟の副次的な効果です。

いきなり訴訟を起こすというのもすごい話かもしれませんが、激高して相手を刺し殺すよりもはるかに理性的で合理的な紛争解決方法です。

日本中のデザイナーを代表するつもりで

泥棒会社が雇った弁護士が主張する「商品画像は著作物ではない」という法解釈を鵜呑みにし、私がここであきらめたら、商品画像はずっと著作物として認められないということになります。これでは日本中のホームページデザイナーの不利益です。いくら著作物性が乏しいと言っても、人が一生懸命作ったものに著作権がないなんて判決を出す裁判官なんているはずがない。そんな判決が出たら、ホームページ画像なんて無尽蔵にあるから、いくらでも泥棒のし放題だ。ま

専門家に相談

ちょっと怪しい法律構成

ともな裁判官なら、当然、私に軍配を上げるはずだ。

「正義は我に有り！」とばかりに私は民事訴訟の準備を始めました。

6　いろいろ選べる紛争解決ツール

▼民事調停、支払督促、弁護士会の仲裁制度ｅｔｃ……

裁判に準ずる紛争解決ツールはいくつかある

民事訴訟法は、裁判所の法廷で主張し合うといった、テレビドラマに出てくるような形式の裁判しか規定されていないような気がします。実は、この民事訴訟法の中に「支払督促」という制度が規定されていたり、民事調停法に基づく「民事調停」という制度があったり、主要な弁護士会が行っているサービスで仲裁制度などがあります。

法律業界では、これらを総称して、ＡＤＲ（Alternative Dispute Resolution／裁判外紛争処理手続）と呼んでいます。これらを簡単に説明しましょう。

支払督促…アクションは早いが債務者の異議申立で通常訴訟へ移行

支払督促とは、本来の訴訟であれば幾度かの口頭弁論（法廷での主張・立証・証拠調べ）を経て判決に至るまで数カ月を要する手続きを省略して、いきなり債務者（相手方のこと）に「金○

〇円を支払え」という文書を裁判所が送りつける手続きです。この文書を送られた債務者が二週間以内に反論しなければ、相手の財産を強制執行することもできます。

この制度は一般に、債権額が確定していることや、その金額や債権に関して争いがない場合にこの方法が利用されます。通常の訴訟に比べて印紙額が半額と安いので、てっとり早く解決できる方法として、消費者金融が債務者に請求する時など、多く利用されます。

私の事件の場合、いちおう数百万円という金額を請求していたので、こじつければこの手続きも利用できました。しかし、相手は素直に応じるはずもありませんし、異議申立をすれば通常訴訟に移行するのが目に見えていましたから、わざわざ督促手続にする意味がありません。

民事調停…相手が欠席すればそれでオシマイ

民事調停は、民間から選ばれた有識者が、簡易裁判所の部屋で話し合いをして、紛争解決を模索するという制度です。合意に至った場合、その合意は和解調書という書面で残り、裁判による判決と同等の効力を持ちます。

しかし、そもそも相手側が出席しなければ、話し合いはできず、相手が欠席した場合のペナルティもありません。

また、私の拙い経験から想像すると、民事調停はあくまで話し合いの場所なので、調停委員は法的な判断はしません。話し合いが決裂したら、「不調」といって、それでおしまいです。支払督促と同様に、印紙額は通常訴訟の半額なので、安くて便利というメリットもあるのですが、結論が出ずに終了となってしまうことが目にみえています。

弁護士会の仲裁制度…債権者と債務者双方の事前の同意が必要

弁護士会の仲裁制度は、債権者（原告）と債務者（被告）の合意によって選任された弁護士（一名または数名）が、裁判官のような役割を持って紛争解決するという手続きです。裁判所の手続きに比べて費用が安いとか、審理が早いというメリットはあります。また、最終的な判断をしなくても良い民事調停と違って、仲裁人は法に基づいた判断をしなければならないので、一応結論は出ます。

しかし、まず債権者と債務者が事前に合意して、「仲裁契約」を締結しなければなりません。つまり、この手続きを利用するためには合意が必要で、相手が「そんな話し合いに応じたくない」と思ったら、応じなければよく、それでおしまいとなります。また、通常の訴訟が控訴・上告などの不服申立手続きがあるのに対し、仲裁で出された判断はそれができません。万一、おかしな仲裁判断が出てしまったら、救済される道が閉ざされてしまうのです。

私が通常訴訟を選択した理由

いくつかの紛争解決手段が選択できる中で、あえて私は通常訴訟を選びました。

まず、支払督促や調停・仲裁という制度は、「裁判所」とか「弁護士会」というところからの書類が届きますから、弁護士とは無縁の一般人なら、それだけでビックリして観念してしまいます。

つまり、威嚇効果です。しかし、Ｐ社には弁護士が付いていますから、そのような効果は期待できません。また、弁護士は中途半端に和解されるよりも、訴訟になった方が金になるので、調停や仲裁は避けることが予想され、呼び出しには応じないはずです。

すると、何がなんでもＰ社を引っ張り出してきて、法的な判断をしてもらうには、やはり民事訴訟しかありません。民事訴訟は、当事者が呼び出し期日に出廷しなければ、相手の主張を認めたことになって（これを「擬制自白」といいます）、訴訟に負けてしまうので、弁護士がついているなら、何が何でも法廷に出てくるはずです。

また、裁判所や弁護士会が提供するサービスはいろいろあっても、「著作権」という、極めて専門性の高い分野であることも考えると、民事訴訟しか選択肢はありませんでした。

弁護士を依頼せずに訴訟に挑んだ理由

私には、弁護士の友人・知人が何人かいます。報酬を払えば依頼に応じてくれる弁護士は七〜八人はいます。この他にも、意見を聞く程度なら簡単に応じてくれる弁護士や研究者がいるので、これらを含めると、合計一五人くらいはいます。

しかし、私が弁護士を付けず、本人訴訟で闘ったのは、次の二つの理由があるのです。

弁護士をつけなきゃ勝てない事件ではない

「ホームページの画像や文章を無断で使われた」という事実は、子どもでも「それはいけないこ

いろいろあります、紛争解決ツール

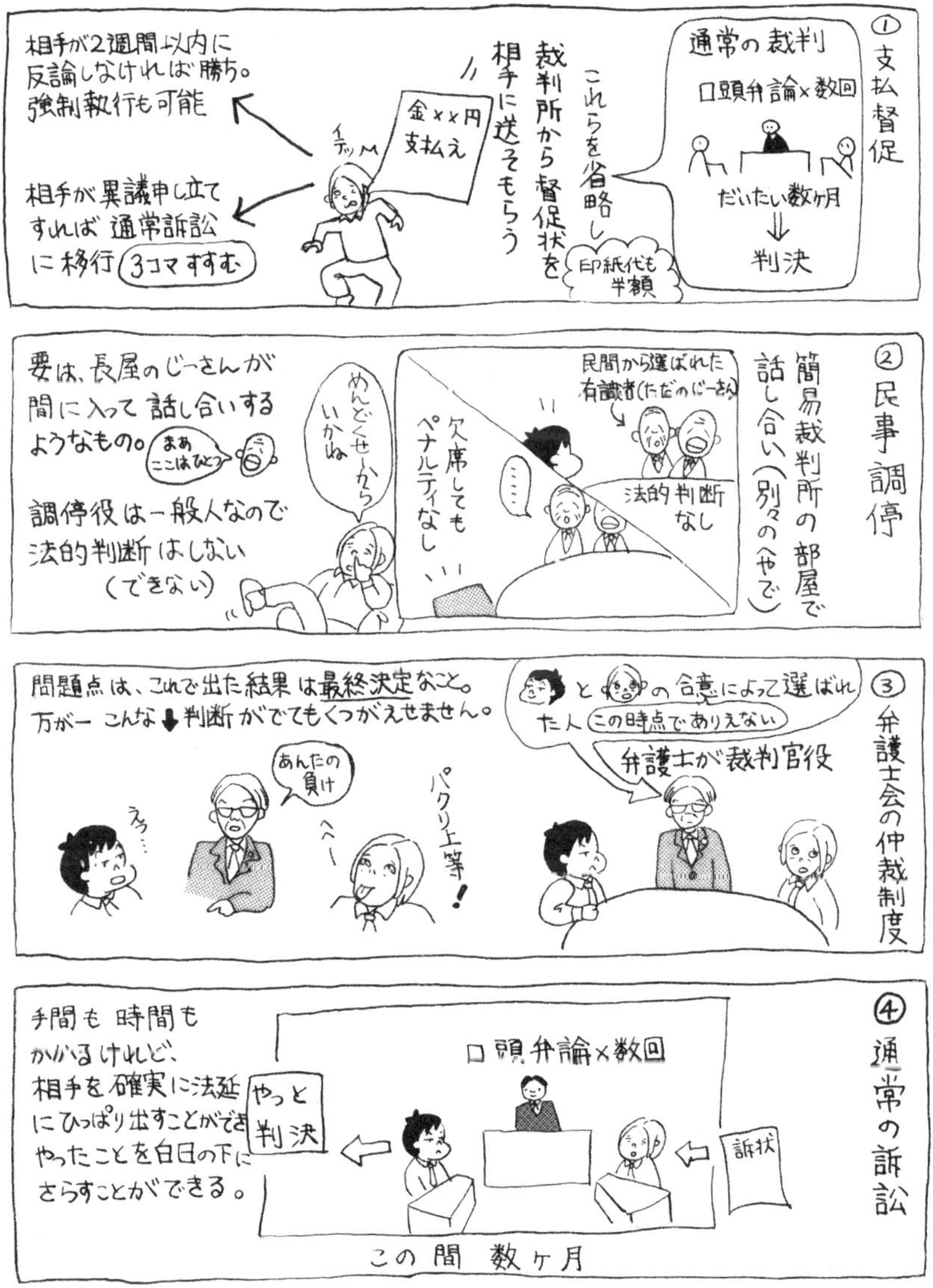

①支払督促
通常の裁判
口頭弁論×数回
だいたい数ヶ月
⇓
判決
これらを省略し
印紙代も半額
裁判所から督促状を相手に送ってもらう
金××円 支払え
イテッ
相手が2週間以内に反論しなければ勝ち。強制執行も可能
相手が異議申し立てすれば通常訴訟に移行
3コマすすむ
②民事調停
簡易裁判所の部屋で話し合い(別々のへやで)
民間から選ばれた有識者(ただのじーさん)
法的判断なし
……
欠席してもペナルティなし
めんどくせーからいかねぇ
要は、長屋のじーさんが間に入って話し合いするようなもの。
まあここはひとつ
調停役は一般人なので法的判断はしない(できない)
③弁護士会の仲裁制度
と の合意によって選ばれた人
この時点でありえない
弁護士が裁判官役
問題点は、これで出た結果は最終決定なこと。
万が一 こんな↓判断がでてもくつがえせません。
あんたの負け
えっ…
へー
パクリ上等!
④通常の訴訟
訴状
口頭弁論×数回
やっと判決
この間 数ヶ月
手間も時間もかかるけれど、相手を確実に法廷にひっぱり出すことができ、やったことを白日の下にさらすことができる。

と」だと知っています。こんな常識的な問題を、わざわざ被害者側が弁護士を雇って請求すべきことなのだろうかという疑問が私にはあります。そもそも著作権法なんて法律を知らなくても判断できることです。だって、コンビニエンスストアの経営者が、万引きした犯人を捕まえてきて、代金を払えと言ったら弁護士が出てきて「万引きした事実は認めるが、違法ではない。どうしても請求するなら、何の法律に基づく請求なのかを主張・立証せよ」なんて言うはずがないからです。どの法律に該当するかどうかはわからなくても、少なくとも「何らかの法律に違反するから損害賠償を払え」という、常識的な主張だけで勝てるはずだと思っていたのです。

絶対に和解などしたくない

弁護士の仕事は、訴訟の勝敗もさることながら、「金をいくら回収したか」で評価されます。私の訴訟は、誰が考えても勝つことは間違いないと思っていましたが、判決で得られる賠償金は一〇万円程度ではないかという予測がされていました。すると、弁護士は当然に「訴訟上の和解で解決金として二〇万円くらい出してくれないか？」と、相手の弁護士と和解話をしたがります。当然といえば当然の判断です。「一〇万円の請求認容判決」と「二〇万円の和解」なら、弁護士なら二〇万円の方に価値があると思うはずです。しかし、私は二〇万円くらいでウヤムヤになるくらいなら、一〇万円の勝訴判決をもらった方が、「商品画像にも著作物性が認められて、訴えれば少額でも賠償請求できるんだ」という前例（判例）が貰え、しかもコンテンツ泥棒の被害に遭っている日本中のウェブデザイナーのためになると思ったのです。

この他にも、「本人訴訟で弁護士を負かしてみたかった」とか、「私の会社は横浜地裁のすぐそばに事務所があって、いつでも法廷に行けるから」なんて理由もありましたけど。

7　横浜地裁で七〇〇万円を請求

▼印紙代三万八〇〇〇円、郵便代七〇〇〇円で、最大級の嫌がらせ？

訴訟費用は意外と安い

訴訟の手数料は、収入印紙で納めます。私は第一審で六九三万円を請求しましたので、収入印紙代は三万八〇〇〇円でした。切手代は、被告が二社（二名）だったので、現金で七〇〇〇円を支払います。わずか四万五〇〇〇円のコストで、七〇〇万円の請求ができるのです。

また、私は弁護士を依頼せず、自分自身で動いたので、弁護士費用は一切かかりません。

それに対し、先方は弁護士を依頼したので、少なくとも三〇万円は支払っていると思います。

今回、友人・知人の弁護士に、同種の事件の被告側の弁護士報酬を聞いてみたところ、三〇万円から四〇万円くらいという意見が最も多く、この他に弁護士の日当や交通費などで数万円程度の上乗せが必要だという回答もありました。ただし、私が聞いた全ての弁護士が、「謝罪して和解に持ち込む」とも回答しました。まぁ、依頼人（被告ら）にも否定できない落ち度があることを鑑みれば、当然の回答でしょう。

相手は東京都世田谷区だけど横浜地裁で訴訟開始

民事訴訟法第四条には、訴訟を提起するとき、相手の住所地を管轄する裁判所で裁判を行うことが書かれています。したがって、本来であれば、東京都世田谷区を管轄する東京地方裁判所へ提起するのが普通です。

しかし、私は横浜在住・横浜在勤ですから、東京・霞が関まで行くのは負担です。時間と交通費がかかってしまいます。可能な限り、この裁判は、自分への負担を少なくしたかったため、民事訴訟法第五条第一項「財産権上の訴えは義務履行地」と、同条第九項「不法行為に関する訴えは不法行為があった地」の規定を使って、半ば強引に横浜地裁で提訴しました。東京を本拠地とするP社は東京都世田谷区で、弁護士の事務所は東京都港区です。彼らは当然に東京地裁を希望するでしょう。しかし、私は「被告らは、本来であればコンサルタント料または著作権使用料を横浜の原告の銀行口座へ支払わなければならないのに支払っていない」という第一項に該当する事実と、「被告らは横浜の原告の管理するサーバーから不当に画像を盗んだ」という第九項に該当する事実から、横浜で行うべきであると主張しました。

そして、相手は特に管轄については争わなかったので、横浜で行うことになりました。

民事訴訟法（抜粋）
（普通裁判籍による管轄）

第四条　訴えは、被告の普通裁判籍の所在地を管轄する裁判所の管轄に属する。
２　人の普通裁判籍は、住所により、日本国内に住所がないとき又は住所が知れないときは居所により、日本国内に居所がないとき又は居所が知れないときは最後の住所により定まる。
（財産権上の訴え等についての管轄）
第五条　次の各号に掲げる訴えは、それぞれ当該各号に定める地を管轄する裁判所に提起することができる。
一　財産権上の訴え　義務履行地
九　不法行為に関する訴え　不法行為があった地

相手の主張は「商品画像は著作物ではない」の一点張り

原告である私が民事訴訟を開始するには、裁判所に「訴状」を提出します。すると、相手方は「答弁書」や「準備書面」というものを送ってきます。これらの書面によると、Ｐ社の主張は、次の点に集約されました。

①　原告（私）のホームページの画像を無断で使用したことは認める。
②　ホームページの商品紹介文についても使用したことも認める。
③　原告と面会したことは認めるが、謝罪などは一切していない。
④　ホームページ画像は著作権法が規定する著作物ではないから、著作権侵害ではない。
⑤　文章についても、商品説明は誰が説明文を考えても同じになるから侵害ではない。

⑥　だから、原告の請求を全て棄却すべきである。

この主張を読んで、私はすごく頭に来ました。

だって、「ホームページの画像を無断で使用した」ことを認めておきながら、「商品画像は著作物ではないから侵害ではない」なんて、信じられません。矛盾もいいところです。

普通に考えれば、私が撮影した商品画像は、私や私が使用を許諾した相手しか使用できません。それを、商売敵にタダで使わせてやる義理はありませんし、画像を無断で使っておいて、謝罪もせず、著作権法が規定する著作物ではないなんて、こじつけもひどいものです。

ちなみに、著作権法によれば、「著作物」の定義はこのようになっています。

著作権法（抜粋）
第二条　この法律において、次の各号に掲げる用語の意義は、当該各号に定めるところによる。
一　著作物　思想又は感情を創作的に表現したものであつて、文芸、学術、美術又は音楽の範囲に属するものをいう。

私が撮影した商品画像は、客観的に見て、文芸・学術・美術なんて大それたものではないかもしれません。だから、P社が主張する、「商品画像は思想や感情を創作的に表現したもの」や、「文芸、学術、美術又は音楽の範囲に属するものではない」という主張もわからなくもありません。

しかし、商品を撮影するには様々な手間とコストがかかります。私が持っているオリンパス製のデジタルカメラは、ヨドバシカメラで八万円でしたし、それなりの画像を撮影できるまでに、長い期間の経験も要しました。撮影した画像は、撮影したままではサイズが大きくて使いにくいので、アドビ社のフォトショップ（画像処理ソフト）で加工しました。つまり、設備投資も必要なら、私の技術を向上させるためにも、多額の費用がかかっているのです。

日本を代表するような芸術家の作品には遠く及びませんが、私はコストもかけているし、頭脳労働もしているのです。そうして生み出された画像のことを「著作物ではない」なんて言い放つことに、呆れてしまいました。

ただし、現実的に考えれば、P社の社長や従業員は著作権法の条文すら読んだことはないでしょう。そんな彼らが「思想又は感情を表現したものではない」なんてことは主張できませんから、全ての根源は、この事件の訴訟代理人であるO弁護士にあることは明らかです。

他人のホームページ画像を無断で使っても、「著作物ではないから請求は棄却される」で済まそうとする弁護士なのです。

著作権法（抜粋）

第一条　この法律は、著作物並びに実演、レコード、放送及び有線放送に関し著作者の権利及びこれに隣接する権利を定め、これらの文化的所産の公正な利用に留意しつつ、著作者等の権利の保護を図り、もつて文化の発展に寄与することを目的とする。

実践！　民事訴訟の起こし方

①訴状の準備
う〜ん
FMV
うまい棒
訴状には相手に請求したいこととその根拠を書きます。
訴状
横浜地方裁判所 御中
平成16年8月9日
原告 有限会社トライアル
詳しい書き方は本を参考にするといいでしょう
訴状の書き方
本人訴訟 カテン出版
けっこうでてます
証拠もできるだけ出しましょう
「甲《こう》第○号証」とナンバリングします
甲第1号証
甲第2号証
甲第3号証
※被告側は乙《おつ》第○号証
ural Life
スナルゲット
録音、録画した証拠もまずは書類化して提出。
必要になったら現物を出すというかたちで。
大事なところだけテープ起こしして文章化
キャプチャー化した画像とか
②訴訟費用の準備
いくらかかるか計算してくれるサイトもあります
実務の友
「実務の友」
http://www5d.biglobe.ne.jp/~Jusl
支払は収入印紙で。
他、通信用に〒切手も必要です
③原告or被告が法人なら登記簿謄本が必要
法務局でとってきましょう
12番の番号札をお持ちの方〜
(ふつうは)¥1,000.-
個人の場合はいりません。
④以上そろったらいよいよ提出
〒なら書留か配達記録で
エクスパックもおススメ
配達記録ですねー
場合によっては宅配便の方が早く届いて安くすむことも
(例)福山通運のパーセルワンなら420円
裁判所に直接提出してもいいでしょう。
民事受付
ここの書き方は〜
いろいろ指摘されますが、逆にわからないところを教えてもらっちゃいましょう

8　口頭弁論は七回で終結

▼慣れない口頭弁論で書記官の手をわずらわせる

意外と優しい横浜地裁第四民事部の書記官

裁判の法廷が開かれることを、刑事事件では「公判」と呼び、民事事件では「口頭弁論」と呼びます。平成一六年八月に私が訴状を提出し、その翌月の九月二四日に第一回の口頭弁論が行われました。この第一回口頭弁論期日には、被告は答弁書を提出すれば出頭しなくても良いため、P社は現れませんでした。同じ法廷の傍聴席にふと目をやると、テレビでおなじみの丸山和也弁護士がいて、驚きました。私の事件に興味があって傍聴しているのかと思ったら、別の事件の訴訟代理人として来られていたようです。

P社が法廷に現れないこともあって、裁判官は私の作成した訴状や準備書面について、わかりにくい点が多く、法律的な主張も乏しいことから、具体的に「ここの点を詳しく書いた方がいいよ」などと、かなり親切に教えてくれました。しかし、法廷内ではメモ程度しか取れないため、それを気づかって書記官の女性が、「事務連絡」という題名のＦＡＸで、具体的に何をどういう風に主張すればいいのかを、箇条書きで質問してくれたので、私としては「裁判所もずいぶん親切な役所に変わったもんだなぁ」と感心しました。

訂正に訂正を重ねた原告の主張

数回に渡る口頭弁論を重ねるうち、私の主張は以下の点に集約されていきました。

①　商品画像であっても、光量やアングルなどは思想又は感情の表現に当たる。
②　だから当然に原告の有する著作権を侵害している。
③　商品説明文についての無断盗用は、私の編集著作権を侵害している。
④　画像や説明文の使用料は一カ月当たり三〇万円である。
⑤　よって、二年近く無断使用したのだから、計六九三万円を支払え。

このうち、④と⑤の金額の部分に関しては、いささか金額が大きすぎるとは思いましたが、相手に精神的なダメージを与える意味でもこれくらいの金額を請求しておくのは普通でしょう。

被告の主張は一貫して「著作物ではない」

被告は、答弁書に始まり、全ての準備書面では一貫して「商品画像は著作物ではない」と「商品説明文も一般的な内容なので著作物ではない」と主張しています。

画像を無断で盗用しても「著作物ではない」から許されるというのです。人の文章を盗用しても「一般的な内容」だから構わないとの主張です。

ヤフーオークションの法律相談室では「違法」との判断

私はこれといって判例を調べた訳でもなければ、商品画像の著作物性に関する書籍を読んだわけでもありません。どちらかといえば、「無断盗用はダメ」という一般論で闘っています。自称「知的財産全般の専門家」O弁護士が、一貫して「商品画像は著作物ではない」と言うので、私は自分の主張に自信がなくなってしまい、インターネットで情報を収集しました。芸術作品が著作物であることに争いはないけれど、商品画像についての判断材料はほとんどありません。

いろいろ検索してみると、ヤフーオークションに商品画像の著作物性についてコメントがありました。これは東京フレックス法律事務所の冨田烈弁護士が、「他人の画像を無断で使用するとトラブルが発生するぞ」と警告しているページです。「全ての商品画像が著作物である」とは言い切っていませんが、商品画像が著作物であることを明示しています。

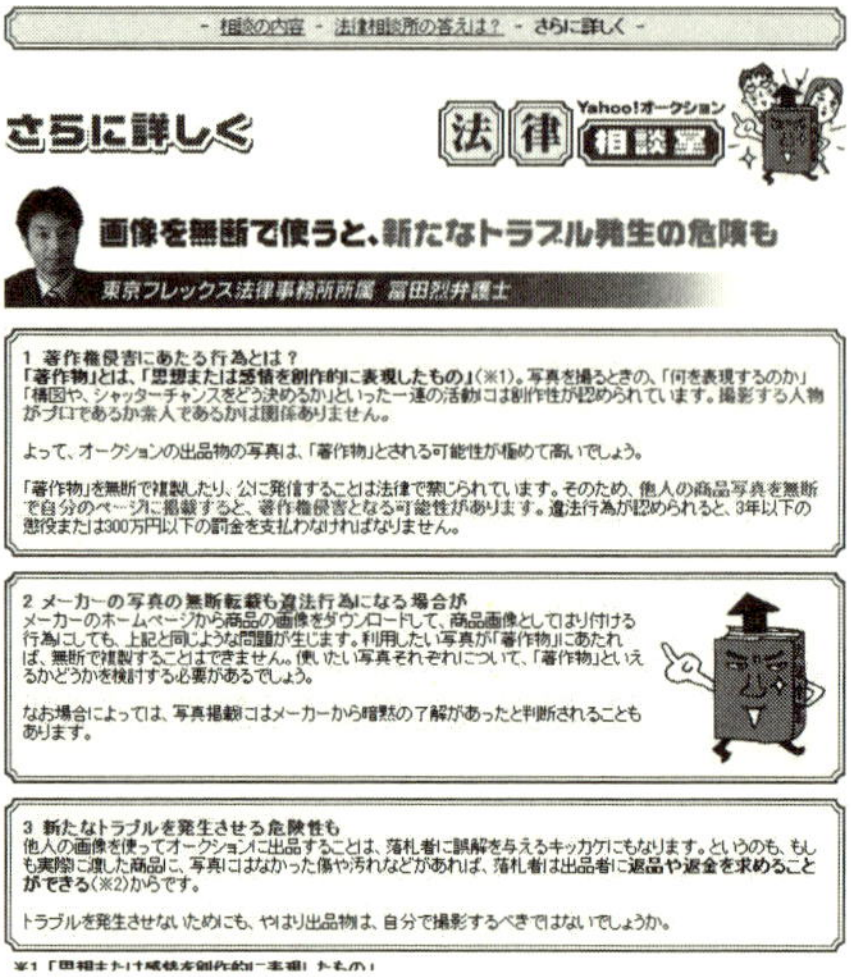

- 相談の内容 - 法律相談所の答えは？ - さらに詳しく -

さらに詳しく　法律 Yahoo!オークション 相談室

画像を無断で使うと、新たなトラブル発生の危険も

東京フレックス法律事務所所属　冨田烈弁護士

1 著作権侵害にあたる行為とは？
「著作物」とは、「思想または感情を創作的に表現したもの」（※1）。写真を撮るときの、「何を表現するのか」「構図や、シャッターチャンスをどう決めるか」といった一連の活動には創作性が認められています。撮影する人物がプロであるか素人であるかは関係ありません。

よって、オークションの出品物の写真は、「著作物」とされる可能性が極めて高いでしょう。

「著作物」を無断で複製したり、公に発信することは法律で禁じられています。そのため、他人の商品写真を無断で自分のページに掲載すると、著作権侵害となる可能性があります。違法行為が認められると、3年以下の懲役または300万円以下の罰金を支払わなければなりません。

2 メーカーの写真の無断転載も違法行為になる場合が
メーカーのホームページから商品の画像をダウンロードして、商品画像としてはり付ける行為にしても、上記と同じような問題が生じます。利用したい写真が「著作物」にあたれば、無断で複製することはできません。使いたい写真それぞれについて、「著作物」といえるかどうかを検討する必要があるでしょう。

なお場合によっては、写真掲載にはメーカーから暗黙の了解があったと判断されることもあります。

3 新たなトラブルを発生させる危険性も
他人の画像を使ってオークションに出品することは、落札者に誤解を与えるキッカケにもなります。というのも、もしも実際に渡した商品に、写真にはなかった傷や汚れなどがあれば、落札者は出品者に**返品や返金を求めることができる**（※2）からです。

トラブルを発生させないためにも、やはり出品物は、自分で撮影するべきではないでしょうか。

http:// auction.yahoo.co.jp/legal/007/details/

たった一人の若手弁護士が、ヤフーオークション利用者のために書いた法律相談の回答ですが、素人が撮影した商品画像も著作物であり、無断で複製したり公に発信したりすることは法律で禁じられていると述べているのです。

すると、元弁理士でもあるO弁護士の主張とは、まるで反対の主張ということになります。別に、この冨田弁護士のコメントがなくても、常識的に考えれば、他人の画像を無断で使っても良いなんて理屈は納得できませんが、極めて当たり前の解説です。

私は商品画像が著作物であると法律的に明記した文献や論文を見つけることができませんでしたので、この冨田烈弁護士のこのホームページをプリントアウトしたものを、原告側証拠として提出しました。

担当裁判官が移動で交代

この裁判も、もうすぐ終結に向かうかと思われていた平成一七年二月、横浜地裁第四民事部の担当裁判官に突然の移動がありました。

今まで、第四民事部の裁判官や書記官との関係も良好で、この数カ月間、私の拙い準備書面をていねいに読んで受け答えしてくれていたのですが、この優しい裁判官に替わって、横柄な態度のS裁判官が登場しました。裁判官が変更になると、「裁判官の更新」という手続きを行いますが、現実には口頭弁論で「更新しますがよろしいですか？」と聞かれ、「ハイ」と答えるだけです。

正直なところ、見るからに性格の悪そうな人で、私の質問には面倒くさそうに答える裁判官だったので、「イイエ、前の裁判官でお願いします」って言いたかったのですが、そういう訳にもいかないので、しぶしぶ「ハイ」と答えました。

裁判官は和解を勧告するが、桁が違うので決裂

平成一七年三月、口頭弁論が終結しました。

この時、裁判官は「和解にすることはできませんか？」と、一度だけ原告・被告双方に和解を勧告しました。私は、「大負けに負けて、解決金五〇〇万円」と主張しました。すると、被告は「一〇万円なら支払う」と言い放ちます。私は「桁が違う」と言って、和解交渉は簡単に決裂しました。

まぁ、被告の著作権侵害が認定され、三〇万円くらいの判決が出れば、それでもいいやと思っていました。金額は少なくても、「商品画像が著作物ではない」なんて判決は、絶対に出るはずがない。裁判官は司法試験合格者の中でも、成績上位の人物がなる訳ですから、いくらなんでもそんな非常識な判決を出すはずがないと思っていました。

意外と親切な裁判所職員

9　横浜地裁判決「商品画像は著作物ではない」

▼原告の請求を棄却する、訴訟費用は原告の負担とする

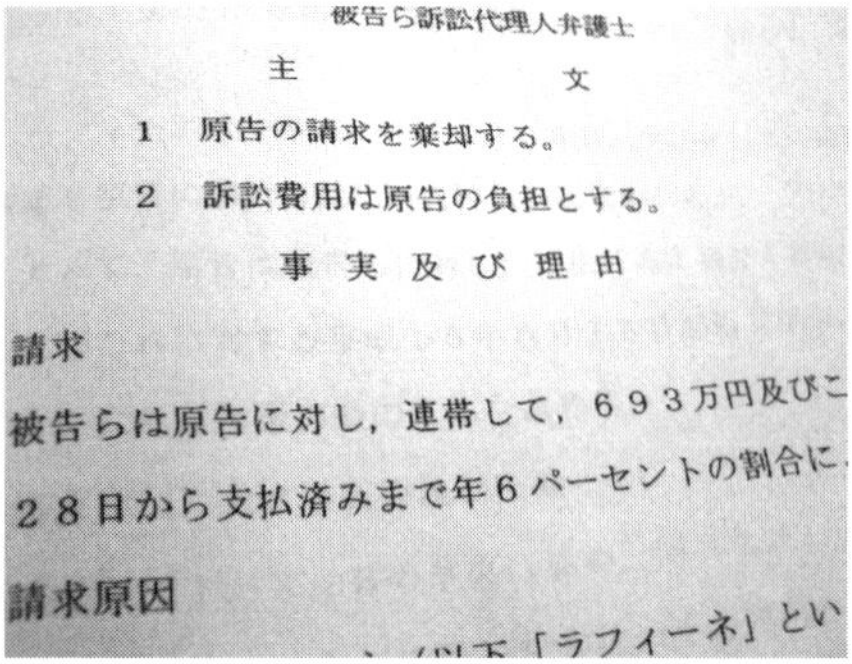
被告ら訴訟代理人弁護士

主　　文

1　原告の請求を棄却する。

2　訴訟費用は原告の負担とする。

事 実 及 び 理 由

請求

被告らは原告に対し，連帯して，６９３万円及びこ

２８日から支払済みまで年６パーセントの割合に

請求原因

「ラフィーネ」とい

小さな声で「原告の請求を棄却する」

平成一七年五月一七日、午後一時一〇分、横浜地裁で判決が言い渡されました。

「主文、一、原告の請求を棄却する。二、訴訟費用は原告の負担とする」

裁判官は、ばつが悪いらしく、傍聴席にいる私の顔を見ず、小さな声で述べました。

書記官の女性が、その場で私に判決文を渡し、私が受領印を押しているすきに、裁判官はそそくさと退廷してしまいました。

私は呆然としました。損害賠償を一円も認めず、訴訟費用も私の負担です。これって、額面通り捉えたら、「ホームページの商

品画像はパクりたい放題」、「誰でも自由に盗めます」ってことです。しかも訴訟費用までも私が負担ということは、「訴訟を起こしたオマエの方が悪い」ってことでもあります。こんなおかしな判決があっていいのだろうか？

法廷で暴れて、裁判官をぶん殴ってやろうかと思いましたが、さすがにそこまで愚かな行為はできず、書記官から渡された判決文を持って、トボトボと裁判所を出ました。

「問題の画像は商品を正面から写しただけの平凡なもの」だから不法行為ではない

横浜地裁を出てすぐ近く、ベローチェという一六〇円コーヒー屋で、この判決文をじっくり読んでみました。判決要旨は次の通りです。

①　問題の画像盗用については、原告・被告の主張に争いはない（被告の盗用を認定）。

②　しかし、画像は商品を正面から写しただけの平凡なもので、「思想又は感情の創作的表現」は何らみられないから著作権法上の保護の対象となる著作物ではない。

③　商品説明文についても、被告は原告の文章を参考にして文章を作成したものと推認することができる（被告が私の文章を参考にしたことを認定）。

④　しかし、両方の文章は同一ではないから、盗用とまではいえない。

⑤　よって、被告らの行為は不法行為とはいえないから、原告の本訴請求は理由がない。

要するに、商品を撮影しただけの画像は、著作権法上の保護対象となる著作物ではない。文章も、全く同一ではないから盗用ではない。だから、商品画像をそのままコピーしても、ろくに文献調査・実験・実地調査も行わずに私の文章を参考にしても、不法行為ではないというのです。

しかし、一度でも商品画像を撮影した人なら、誰もが疑問に思うでしょう。

「じゃ、どういう写真だったら著作物として認めてもらえるの？」

「機材を買ったり、アシスタントを雇ったりして撮影した商品画像はタダ同然の価値なの？」

まだまだ噴出する判決への不満

横浜地裁判決を、何度も何度も読み返してみると、次から次へと疑問がわき上がってきます。

まず、「商品を正面から写しただけの平凡なもの」という言葉。この裁判官、目が悪いんじゃないかと思いました。だって、商品を正面って言っても、私は正面から撮っていません。

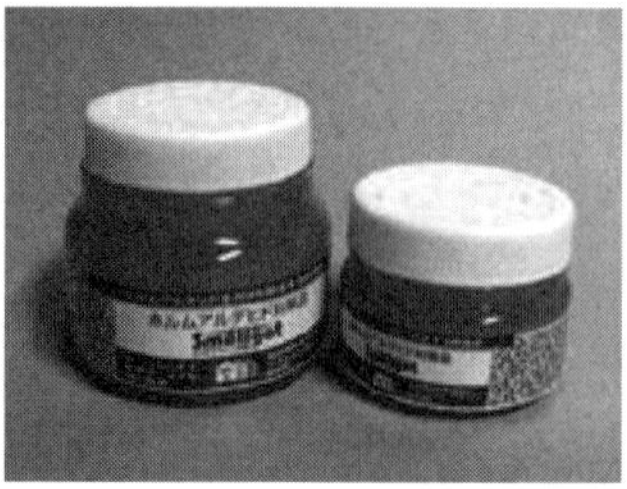

大きい入れ物と、小さい入れ物のラベルを少しばかり向かい合わせにして、斜め上から撮影しています。向かって左後方には影もあります。単に「正面」と言い切るには、ちょっと無理のある角度です。

この画像は、私自身が試行錯誤の上で配置して撮影したもので、それなりに思考して撮影したのだから、当然に「思想又は感情の創作的表現」と言うべきものだと思います。しかし、仮に、たまたま偶然撮影できてしまった画像であったとしても、それを、裁判官がこの画像を見ただけで「思想又は感情の創作的表現ではない」などと言えるのでしょうか。

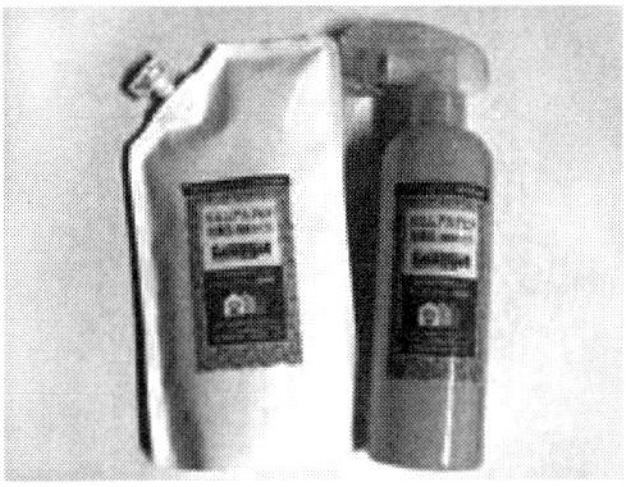

次にこの画像についても、背景が白く、背景と商品が同化することを避けるため、右側から強い光を当て、左側に影ができるようにして撮影しています。これも「正面から写しただけの平凡なもの」なんて評価をして良いものなのでしょうか。

平面的なものをスキャナーで読み込んだものなら、誰が作成した画像も同じようなものしかできないから、「正面から写しただけの平凡なもの」なんて表現できるかもしれません。

しかし、私が撮影したものは立体的なものであって、光を当てれば影もできるし、わずかでも撮影する角度が違えば結果は全く異なるものとなるのです。

ここで黙っていたら、日本中のウェブデザイナーが不利益を受ける？

私は、七回の口頭弁論の中で、再三に渡ってこの画像の著作物性を主張してきました。しかし、問題の画像の著作物としての評価はあまりにも稚拙でした。損害賠償についても、私の七〇〇万円という請求は大きすぎたかもしれませんが、一円も認めないというのは、ひどい判決です。

裁判所の出した判決（判例）は、法律のスキマを埋める一種の法律です。「商品画像は正面から写しただけの平凡なものなら著作物ではない」なんて判決がまかり通ったら、世の中のウェブデザイナーは誰も自分で画像を作成したりしません。だって、自分がコストをかけて撮影した画像は著作物としては認めてもらえず、泥棒され放題だったら、誰が自分で撮影しますか？

日本はいちおう法治国家で、いざって時には警察や裁判所が法律にしたがって守ってくれるから安心して日本に居住するのです。それを、不法に侵害されて、泥棒はアイツだと指を差しても、裁判官の身勝手な主観で被害者は泣き寝入りしなければいけないなんて、おかしくありませんか？

まだ高裁と最高裁がある！

私は地元の私大の法学部を卒業し、同大学院の博士前期課程を修了しました。私の指導教授は元裁判官で、民事訴訟法の大家です。私は学生時代、この指導教授から、「人の作品を無断引用（盗用）する奴は、知的財産権の盗人である」と再三言われてきました。現実に、私が修士論文を作成する際に、無断引用をして叱られたこともあります。

横浜地裁は、私の恩師の教えに反する、納得のいかない判決を私に言い渡したのです。

私は「ここで裁判をやめれば損害は少しで済む」と、泣き寝入りすることも考えつつ、ここまで来たなら高裁、それでもダメなら最高裁へ持って行って、それでもおかしな判決が出たら、国内外のマスコミに言いふらしてやろうと心に決め、パソコンを開いて「控訴状」を作成しました。

横浜地裁のＳ判事、変な判決出しやがって！　今に見ていろ！

えっ…負けた…!?

裁判もおわりに近づいた頃
さよーなら
突然 担当裁判官が変わった
前の裁判官と違い質問なんかしたらいかにもめんどくさそうな態度
〜は どういうことなんですか?
…
ハァー
風向きが 怪しくなる中、
判決の日がやってきた。
主文、一、原告の請求を棄却する
二、訴訟費用は原告の負担とする。
!
フフン

盗用を認定したのに損害は認定しない？

判決でP社がラフィーネの画像を盗用したことは
認定された。
ラフィーネ
P社
けれど、「商品を正面から写しただけ」の画像に著作物性なんかないならパクってもオッケーなのだそうだ。
全国のウェブデザイナーの皆さん! 他人のページから画像パクっていいそうですよ!
やけっぱち
それにしても「商品を正面から写した」だなんて…。
影をみれば ななめ上から撮影したって子どもでもわかることだ。
ちょっと向かい合ってるし
この判決が正しいなら
機械を買ったり、アシスタントを雇って撮影したものもタダ同然の価置なの!?

ネクタイ苦手な人のための
裁判所ファッション 夏編
カジュアルな
アイテムでも
全体的に
黒っぽくすれば
それなりに見える

ネクタイ苦手な人のための
裁判所ファッション 冬編

IV　地裁負け、まだ高裁と最高裁

——本人訴訟第２ステージ

東京高等裁判所　東京・霞が関

10　控訴したら知的財産高等裁判所に係属

▼電話でいきなり「チザイコーサイ」って？

請求額を三〇〇万円に下げたら印紙代は三万円

原審の横浜地裁では、私は約七〇〇万円というすごい金額を請求してしまいました。七〇〇万円の請求に対する裁判の手数料（印紙代）は、三万八〇〇〇円でしたが、これが控訴審となると、一・五倍の収入印紙が必要です。つまり、五万七〇〇〇円です。さすがに七〇〇万円という金額は大きすぎて現実的ではありませんし印紙代もバカにならない額になってしまうので、控訴審では請求額を三〇〇万円に下げました。この請求額に対する印紙代は三万円でした。

控訴状を横浜地裁に提出すると、東京高裁へ移送され、第二ラウンドが始まります。

チザイコーサイから電話が来る「恥罪交際？」

控訴状を提出したのは平成一七年五月三一日。それから丸一カ月が経過し、七月初旬になって、電話が来ました。

「こちら東京のチザイコーサイですが、松本肇さんですか？　控訴状を提出されたようですが、控訴理由書がありませんので、なるべく早めにお送りください」

私はキョトンとしました。「チザイコーサイ」なんて、私は聞いたことがありません。控訴状の宛名は東京高裁です。電話の相手は必死に「事件の性格から、チザイコーサイに係属することになりました」と説明してくれるのですが、私の頭に浮かぶ漢字は「恥罪交際」しかなくて、援助交際で罪に問われていると言って金を騙し取ろうとする、新手のオレオレ詐欺（架空請求）かと勘違いしてしまいました。

しばらくトンチンカンな会話が続き、チザイコーサイとは知的財産高等裁判所の略称で、知的財産高等裁判所とは、平成一七年四月に東京高等裁判所にできた、知的財産を専門に扱う特別部を差すことを知りました。そんな裁判所ができたことなど全く知らなかったのです。周囲の評判によると、知財高裁は特許・実用新案から著作権まで、幅広い分野の知的財産を扱うとのことで、裁判官の中でも特に優秀で、知財関係に詳しい人たちで構成されているのだそうです。

敵はＰ社やその弁護士じゃない！　裁判官連中だ！

横浜地裁で「商品画像は著作物ではない」として判決を言い渡した裁判官も、それなりに優秀なはずですが、知財高裁ならば、もっと優秀なはずです。しかも今回は、日本の裁判官から選りすぐられた、知的財産の大専門家集団です。もしその知財高裁も横浜地裁と同じ「商品画像は著作物ではない」なんて判決を出したら、その時こそこの国はオシマイだと思いました。もはや、私の敵はＰ社でもなければ、その弁護士でもありません。国が国として、人が一生懸命作った作品を、著作物として権利を守ってくれるか否かを試してやるのです。相手にとって不足はありません。

そして横浜地裁判決を痛烈に批判した控訴理由書を七月二〇日に提出しました。

控訴審第一回口頭弁論期日「次回は弁論準備手続を行います」

正直なところ、私は「どうせ横浜地裁と同じ判決だろ。茶番劇のような裁判はもうこりごり」なんて思いつつ、九月一三日、知財高裁八一五号法廷へ向かいました。

さすがに話題の知財高裁だけあって、裁判所の廊下や法廷には、第一線で活躍している弁護士っぽい、高価なスーツで闊歩している人がたくさんいます。いかにも有識者、著名人、セレブなんて呼ばれそうな人たちがたくさんいます。横浜地裁では丸山和也弁護士を見かけたので、今度はテレビでよく見る八代英輝弁護士（著作権で有名）がいるんじゃないかと周囲を見渡しましたが、特にそういう有名人はいませんでした。このような有識者っぽい人たちが集まる知財高裁の法廷の中で、私はユニクロの通販で買った五〇〇〇円のポロシャツと、二本で三九〇〇円のチノパンという貧乏学生みたいな服装で、かなり浮いていました。横浜地裁でひどい目に遭った私は、「どうせ茶番劇のような判決が出るのだから、スーツで来る必要なんてない」などと思っていたのです。

裁判所事務官に「平成一七年（ネ）第一〇〇九四号、原告・有限会社トライアル、被告・株式会社Ｐ外一名」と呼ばれ、控訴人（原告）席に座ると、三人の裁判官がざっと書類に目を通し、

チザイコーサイ

はい、松本です
こちら チザイコーサイ です
FMV
恥罪交際!?
エンコーとか をへんで
ちがいます 知財高裁です
知財高裁、正しくは「知的財産高等裁判所」
最高裁判所
東京高裁
知財高裁
特許がらみは地裁とばしてここからスタート
松本さんの事件は今後こちらで行うことになります
著作権、商標など アイデアのような「モノではないもの」の権利はこちら
横浜地裁

厳戒態勢

といっても東京高裁と同じ建物なんだけどね
東京高裁の管轄以外の地方では、高裁の中の「知財部」が同じ役目を果たします。
やゃっ
よし! 記念に一枚
ちょっと! 写真とっちゃダメだよ
えー 外観もダメなの!?
敷地から一歩外に出さえすれば撮影可だそうです
何かとものものしい
はいオッケー
荷物はこちらでーす

次回期日を決めた上で、裁判長が「次回は弁論準備手続を行いますので、一七階の第四部書記官室へ来てください」と私に告げます。「弁論準備手続」の意味がよく分からないので、裁判長に「スミマセン、それって何をする手続きですか?」と聞くと、「双方のお話しをもう少しよく聞きたいと思います」との回答。私は横浜在住・横浜在勤なので、何度も霞が関の東京高裁に来させられるのは面倒だなと思いつつ、反対する理由もないので、とりあえず承諾しました。

知的財産高等裁判所とは

―IP国際技術特許事務所所長　弁理士・滝田清暉さん

知的財産高等裁判所なんて聞いたことがあるという人は、余程その道に詳しい人か、訴訟好きな人でしょうね。なにしろ、この裁判所は平成一七年四月一日にできて、やっと一歳半になったというところですから。

この裁判所が、政治改革、行政改革、司法改革という、日本における諸改革の中で作られたと言うことは間違い有りませんが、この裁判所のような専門組織は、国内的な改革の流れの中でできたと言うよりは、国際化という大きなうねりの中で作らざるを得なかったといった方が良いかも知れません。すなわち、日本の裁判は時間がかかりすぎると言うことで、日本の企業同士が、日本で訴訟をやらずに、先に米国で訴訟を始めるという事態が発生し、これに驚愕した裁判所がとった対策のように私には見えるからです。

この知的財産高等裁判所（知財高裁と略されることが多いようです）は、東京高等裁判所の特別の支部として、裁判官一八人、調査官一一人、その他職員の体制で発足しましたが、その前から東京高裁の民事通常部の中に、四つの知財専門部があったのです。従って、知財高裁は、この四つの専門部を一緒にしてさらに陣容を強化して作られたといっても良いでしょう。ですから、場所も霞ヶ関の裁判所合同庁舎の一七階にあります。

それまでの高等裁判所とは完全に独立した知財専門裁判所を作り、技術の良く分かる理系の裁判官を採用するべきだという声も結構あったのですが、それは実現しませんでした。理系裁判官の代わりに登場したのが、裁判官の判断を助けるための、非常勤の調査官とも言える専門委員制度です。この専門委員は、高度な専門的知見を有する大学教授や公的機関の研究者、弁理士などの中から最高裁判所が任命するもので、現在全国で約一八〇名います。私も、専門委員制度発足時から専門委員に任命されていますが、裁判官の実態を知る中で、優秀な裁判官でも悩みながら判断を下しているのだなということが分かり、妙に安心したりしています。

何れにしても、知財高裁ができてから、知財関係の裁判が極めて早くなったことは確かです。この影響が、一般の裁判に及ぶかも知れませんね。

滝田清暉（たきた・せいき）：昭和三九年東京工業大学理学部化学科卒、昭和四四年同大学院博士課程修了。理学博士。技術士（応用理学）。昭和五六年弁理士登録・滝田内外技術特許事務所設立。平成一五年一二月よりIP国際技術特許事務所所長。東京高裁・東京地裁・大阪地裁所属専門委員。

11 二回の弁論準備手続と和解勧告

▼「被告の応訴態度に問題も多い」と裁判長

第一回弁論準備手続　地裁とは扱いがまるで違う

「弁論準備手続」とは、口頭弁論を行う上で、争点整理をしたり、双方の主張を口頭で聞き取って準備書面を請求したりする手続きです。広い法廷の物々しい雰囲気の中で行うよりも、小さい部屋で、過去に提出された書面や証拠について、話し合うといったイメージです。

平成一七年一〇月一一日午後四時、知財高裁一七階の担当書記官のもとを訪れると、小さな部屋に案内され、女性のＳ裁判官とＰ社のＯ弁護士と私で話し合いを始めました。横浜地裁のＳ裁判官は、態度も釈明の内容も最低でしたが、知財高裁のＳ裁判官は、同じＳでもまるで異なりました。横浜地裁では一度も聞かれなかったことを聞いてきたのです。

Ｓ「松本さんは著作権侵害を主張されていますが、これは具体的に著作権の中の、何の権利を侵害されたと言うのでしょうか。実は、著作権には、いろんな権利が含まれていて、著作者人格権とか、複製権とか、頒布・販売権など、他にもいろいろあるため、お聞きします」

私「実はよくわからないんです。ただ、私が許可していないのに画像や文章を盗用されて、横浜地裁では著作物じゃないって言われて、いったい私にどんな権利があるのかもわからないんです。ただ、人の画像を勝手に使って、著作物じゃないから、一円も損害賠償が生じていないっては、少なくともおかしいと思うんです。勉強不足ですみません」

S「いいえ、弁護士でも著作権を誤解している方も多いので、仕方ないですよ。松本さんの主張は決して間違っていません。しかし、裁判所としては、当事者が『法に違反している』と主張している以上、その法のどの点に違反しているのかを確認しなければなりませんので、お聞きしたまでです」

横浜地裁では、「著作者人格権」や「複製権」という言葉を一切使いませんでした。それに対し、知財高裁では、私のような素人に対しても、ていねいに三〇分以上の時間をかけて、話をしてくれました。横浜地裁がいいかげんにした争点整理を、私との会話の中から重要な点を聞き出して、おさらいしてくれたのです。S裁判官とのこの会話は、日本最高の講師陣の一人から、最高の講義を受けた気分で、大学や実社会では絶対に体験できない経験です。

　この日の話し合いで、主張の整理と損害賠償請求額の適正化（請求額三〇〇万円のうち、著作者人格権に当たる九〇万円部分は法人としては請求できないから取り下げた）を行いました。また、同裁判官からは「一〇万円くらいで和解することはできませんか？」という質問があったので、「裁判官のお気持ちは嬉しいのですが、桁が違うのでお断りします」と和解を拒みました。

第二回弁論準備手続　「二〇万円程度」で和解勧告

平成一七年一一月八日午後四時、同じ部屋で再び話し合いです。主な争点整理は一通り済んだので、S裁判官はP社のO弁護士を部屋から退出させ、具体的な金額を明示した和解勧告を行ってきました。

S「P社は書面で謝罪をして、松本さんが指摘する文章をホームページから削除し、かつ二〇万円までなら支払うと言っています。いかがですか。訴訟費用の足しにはなると思いますよ」

私「裁判官のお気持ちは嬉しいのですが、人に強制されて謝罪をする奴の謝罪なんて、何の価値もありません。奴らは一度私に対して謝罪した事実をわざわざ撤回してるんです。今さら問題の文章を削除しても、ラフィーネはスメルゲット市場から追い出されてしまってるので、全く意味がないんです。一〇〇万円くらい出すというならともかく、一〇万や二〇万では納得できません。むしろ、私としては、賠償額が一円でもいいから逆転勝訴判決を勝ち取って、日本中のウェブデザイナーに『コンテンツ泥棒は犯罪、被害者は訴えれば勝つ』って前例を示した方が、二〇万よりも価値があるんです。まぁ、横浜地裁と同じ判決（敗訴）なら、最高裁で判断してもらうことになるでしょうけど」

S「松本さんのお気持ちはわかりますが、正直なところ、**判決では数万円程度しか損害賠償を認**

定できないんです。それに比べれば、二〇万円ならましと思うのですが」

私「……え？　ということは、判決では逆転勝訴ということですか？」

S「ハイ。さすがにこのケースでは、松本さんの請求を認めない訳にはいきませんので」

私「それならなおさら、ぜひ判決をください。仮に相手が五〇万円出すと言ってきても、断ります。P社の奴らは、私が素人だと思ってやりたい放題やって、弁護士を雇ってふざけた内容証明を送ってきたんです。横浜地裁はその泥棒連中の言いなりになって『松本の主張は全て棄却』という判決を出したんです。それを正すことで、私の名誉が回復されて、かつ日本中のウェブデザイナーの利益になるなら、そっちの方が有益です！」

なんと、裁判官は既にこの時点で私を勝たせる算段をしていたのです。私は嬉しさのあまり、裁判官や書記官の人たちと一緒に万歳三唱して、固い握手を交わし、裁判所一七階の廊下を踊りながら走り回りたい衝動に駆られました。

口頭弁論終結　裁判長から私に異例の申し出が……

二回の弁論準備手続が終わり、いよいよ知財高裁での最後の口頭弁論期日になりました。平成一八年二月二二日午後一時・五分です。

口頭弁論では、簡単なやり取りをして、裁判長から「これで弁論を終結しますが、松本さん、この後一五分くらいの時間がありますか？」との問いかけがありました。一瞬、何のことかと思いましたが、最後の最後に裁判長から私に聞いておきたいことがあるとのことで、一七階の部屋へ向かいました。前回までの弁論準備手続では、裁判官は左陪席判事のS裁判官の一人だけだったのですが、今回は裁判長のT裁判官もいて、裁判官二人と私の話し合いになりました。

T「松本さん、S裁判官から話があったと思いますが、二〇万円程度で和解にしませんか。金額に不満があるなら、三〇万円程度で先方と交渉してみようかと思いますが」

私「三〇万円は魅力ですが、何度も申し上げているように、画像を盗まれて困っている日本中のウェブデザイナーの利益のために、どうしても勝訴判決が欲しいんです」

T「P社の人たちの応訴態度にはかなり問題があるけれど、判決だと数万円です。しかし、和解なら三〇万円の可能性もありますよ」

私「でも、私は知財高裁に来てS裁判官にお世話になって、実にていねいで分かりやすい説明を受けましたし、私の拙い話を飽きずに聞いていただきました。三〇万円分のごほうびは既にいただいたのと同じです。ここまで来たら、もうお金ではありません。判決は一円でもいいから、画像を盗まれて困っている日本中のウェブデザイナーの利益のために、どうしても勝訴判決が欲しいんです」

T「わかりました。それでは判決を出します。では、三月二九日にお会いしましょう」

横浜地裁では、私はずっとないがしろにされていたので、裁判官なんてちょっと頭がいいだけ

一口に著作権といっても

松本さんが主張されてるのは具体的に著作権の中の何の権利なのですか？
え…何のって言われても
実は著作権の中には色々な権利が含まれているんですよ。
著作者人格権
作者
つくった本人が持つ権利
※慰謝料を請求できます
上映権
勝手に公開しちゃダメ
DVD上映会
複製権
勝手にコピーしちゃダメ!
頒布権
勝手に配っちゃダメ 売っちゃダメ
ドラエモン
いろいろあってむずかしいのよね
おー勉強になる

和解のお誘い

10万円で和解することはできませんか？
お断りします
キッパリ
※被告側は別室で待機
20万＋謝罪ではいかがでしょう。たとえ判決をとっても数万円ですよ
判決…ってことは「勝ち」？
うーん20万あれば3ケ月分の家賃になるしガストなら目玉焼ハンバーグ200食分…
松屋の豚焼肉定食なら400回分になるな
う〜〜ん…
人のものをパクるのが良いか悪いかハッキリとさせたい
キマった!
我が国のウェブデザイナーのために判決を下さい!
まあ♡

の官僚連中で、どいつもこいつも嫌な奴だと思っていました。しかし、この知財高裁での数カ月間は、裁判官の態度も含めて適正で、感激してしまいました。私のように不勉強な男でも、正しいことを主張すれば、裁判官も納得してくれることがわかったのです。

12 商品画像であっても著作物である！……しかし判決は一万円

▼裁判官の「数万円」って一万円のこと？

平成一八年三月二九日、知財高裁の八一五号法廷へ行くと、書記官の方から「判決は傍聴席で聞きますか。それとも法廷内で聞きますか」と質問され、「せっかくなので席に座らせてください」と回答します。過去二回の弁論準備手続でお世話になった左陪席判事のＳ裁判官もいます。

裁判長が判決を読み上げます。

主文・原判決を次のとおり変更する

主　文

一　原判決を次のとおり変更する。

(1)　被控訴人らは、控訴人に対し、連帯して一万円及びこれに対する平成一五年六月二八日から支払済みまで年五分の割合による金員を支払え。

(2)　控訴人のその余の請求をいずれも棄却する。

二　訴訟費用は、第一、二審を通じて五分し、その四を控訴人の負担とし、その余を被控訴人らの負担とする。

横浜地裁では絶対に勝つと思っていたのに全面敗訴判決でしたから、実は今回も判決が出るまでは安心できませんでした。この判決を聞き、私の二年近くになる長い闘いも、やっと終わりを迎えたのです。映画「ロッキー」の、クライマックスシーンに流れる曲が頭の中に流れて、裁判官の皆さんに一礼して法廷を出ました。感動の瞬間でした。バンザーイ！

しかしちょっと待て？？　一万円っていったい何だ？

「逆転勝訴」の判決言渡しを受けて感動し、ふと我に返ると、大きな疑問が湧いてきました。

Ｓ裁判官は弁論準備手続で「数万円の判決になる」って確かに言っていました。

数万円の「数」とは、複数のことだから、少なくとも一万円ではないはずです。まぁ、私は確かに「一円でもいい」って言ったから、文句はありませんが、せめて二万円じゃないの？

訴訟費用は八割が私、二割がＰ社の負担だって？

一審・二審を通じて要した印紙代と切手代は八万五〇〇〇円です。このうち、八割が私の負担で、二割がＰ社の負担ということは、相手は一万円と一万七〇〇〇円の計二万七〇〇〇円の出費です。一方で、私は六万八〇〇〇円の出費に対し、一万円を受け取れますが、差し引き五万八〇〇〇円も出費したことになります。

確かに、一審では七〇〇万円、二審では三〇〇万円を請求したというのは無謀なことかもしれませんが、私は犯罪被害者なのだから、もう少し訴訟費用を相手に負担させても良かったのではないでしょうか。賠償額が一万円なら、せめて訴訟費用は被告らの全額負担にして欲しかった。

まぁ、私は二〇万や三〇万の和解を蹴ったのですから文句も言えませんが、加害者よりも被害者の方が金銭的ダメージを受けるというのは、納得できません。もっとも、P社は弁護士報酬を支払っているから、トータルで考えるとP社の方がダメージを受けていることになります。

一審と二審では何がどう違っていたのか

いくら横浜地裁と知財高裁の裁判官の質が違うといっても、基本的に彼らは司法試験に合格した裁判官です。その裁判官たちが、一審ではホームページの商品画像を「著作物としては認められない」といい、二審では「著作物である」と判断が変わったことについて、判決文から考えてみます。

まず、横浜地裁の判断「当該画像は商品を正面から撮影しただけの平凡なもの」ですが、問題の画像は少なくとも正面から撮影したものではありませんから、この時点で既に事実認定を誤っています。

仮にこの画像が、商品を真正面から撮影したものだったと仮定すると、私が撮影しようと、誰が撮影しても、全く同じような画像に仕上がります。だから、「誰が撮影しても独自性は生まれないから著作物ではない」という考えに至るのでしょう。

例えば、絵画をスキャナーで読み込んで画像にした場合などは、誰がスキャンしても同じような画像に仕上がることから、スキャン画像そのものに独自性を見出すことは困難で、著作物とはいえないとする考えに近いものがあるのでしょう。しかし、今回の画像には独自性があります。写真を見る感性がまるで欠落していたか、私のことをよほど毛嫌いする裁判官でもなければ、そんな判断はしないはずです。きっと私は嫌われていたのでしょう。

一方、知財高裁の判断は、横浜地裁が判断した「正面から撮影しただけだから独自性がない」を否定し、「被写体の組合せ・配置、構図・カメラアングル、光線・陰影、背景等にそれなりの独自性が表れているのであるから、創作性の存在を肯定することができ、著作物性はある」と示しています。

さらに、判決文では「レンズの選択、露光の調節、シャッタースピードや被写界深度の設定、照明等の撮影技法を駆使した成果として得られることもあれば、オートフォーカスカメラやデジタルカメラの機械的作用を利用した結果として得られることもある。さらに、構図やシャッターチャンスのように人為的操作により決定されることの多い要素についても、偶然にシャッターチャンスを捉えた場合のように、撮影者の意図を離れて偶然の結果に左右されることもある」という点にも触れ、「創作性が微少な場合には、当該写真をそのままコピーして利用したような場合にほぼ限定して複製権侵害を肯定するにとどめるべき」と述べているのです。

つまり、創作性が微少であったとしても、著作物としての価値を認めるというのです。

その時がキタ━(ﾟ∀ﾟ)━!! ©2ch

判決の内容です

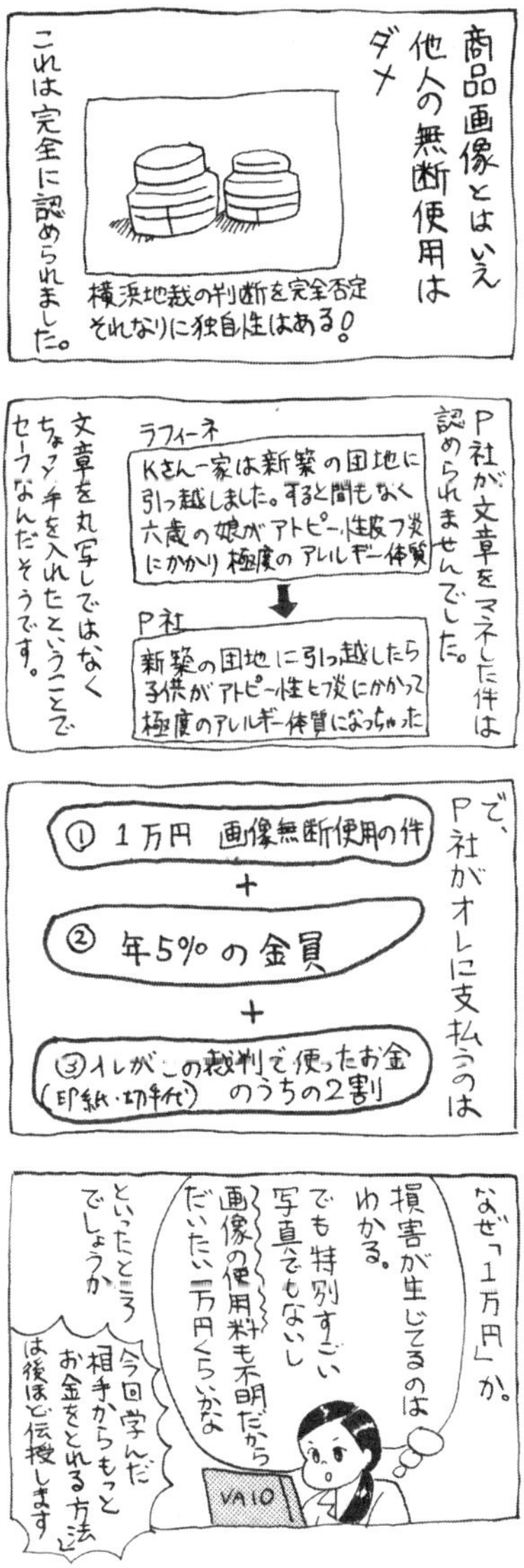

しみます。

知財高裁の判断もまだ甘い

横浜地裁と知財高裁の判断において、なぜこのような違いが生まれてしまったのか、理解に苦しみます。

そもそも、著作権という概念が乏しい小中学生であっても、一般常識や経験則から、「他人の作品を自分の作品として発表するのはいけない」ことくらいは知っています。高校生や大学生になると、提出するレポート課題などで文献を参考にしたら、参考文献として明示したり、注釈などで引用箇所を明らかにすることを習います。だから、横浜地裁は、いいかげんな法律論で判断する前に、他人が制作した商品画像を、そのまま自社の制作した画像として使用していることが、良いことか悪いことか、極めて簡単な判断をすれば良かったのです。

また、知財高裁の判断も、いささか納得できない点もあります。かりに絵画をスキャンした画像であっても、解像度によって粗いか細かいかの違いはありますし、フォトショップなどの画像処理ソフトを使用して画像を修正・補正した場合などは、画像を編集したことによる著作権を認めるべきだと私は考えます。たかがスキャンと言っても、パソコン・スキャナー・ソフト等を揃えれば一〇万を越えるコストはかかるのです。スキャンの対象物を入手し、スキャナーで読み込んで、適度に補正して……なんてプロセスを踏んだ画像を、右クリックで簡単に自分のものにしても良いのかというと、私は疑問です。

「逆転勝訴」の紙を高裁前で持ってみる

テレビでよく見る「勝訴」の紙を持参し、裁判所前で撮影しました。判決言渡しに同行した友人と通行人からは笑われてしまいましたが、一度はやってみたかったのです。

V

著作権、アテになるのは常識人

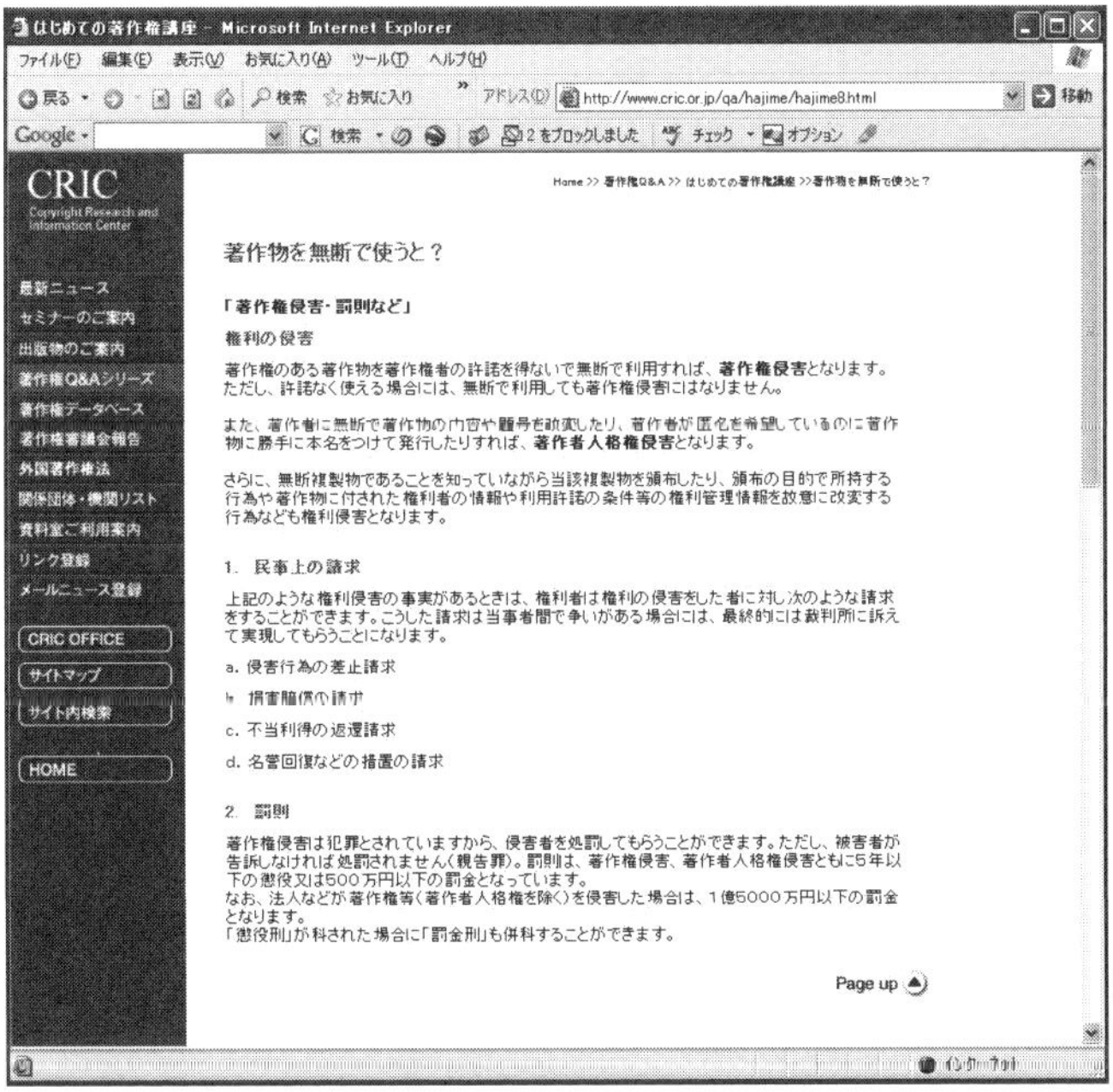

社団法人著作権情報センターのホームページ
http://www.cric.or.jp/qa/hajime/hajime8.html
著作物を無断で使うとどうなるか

13　画期的な判決に専門家もビックリ

▼「創作性は極めて低く、著作物性の限界事例」って……

最高裁判所の判例データベースに掲載

判決から数日後、東京・世田谷区で開業されている大塚大さんという著作権専門の行政書士からメールが送られてきました。知財高裁での私の事件について、判決文が最高裁の判例データベースに掲載され、インターネットで検索すれば誰でも閲覧できるようになったのだそうです。判例データベースは、控訴事件であれば誰でも掲載されるものだと思っていたのですが、友人・知人から聞くところによると、重要な判断があった場合、などに掲載されるとのことです。

ホームページの商品画像が著作物であることなんて、私にしてみれば常識ですから、常識的な判決が出ただけで、なぜ重要判例になるのか、よくわかりません。むしろ、私が本人訴訟で弁護士をやっつけたことの方が快挙だと思うのですが。

学会誌『コピライト』平成一八年九月号にも判例の解説が掲載される

『コピライト』という雑誌は、会員制の学会誌で、市販されていません。たまたま会員だった行政書士の大塚大さんからの情報で知り、この判例は意外と注目度が高いことがわかりました。

平成一八年九月号に、国士舘大学の三浦正広教授の判例解説が掲載されました。

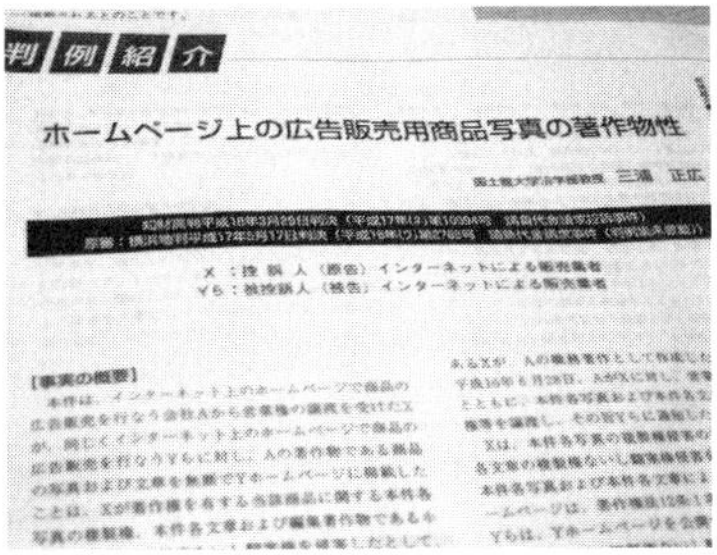
判例紹介

ホームページ上の広告販売用商品写真の著作物性

この解説によると、横浜地裁判決は「簡潔にして明瞭な判決ではあるが、これまでの裁判例が用いた写真の著作物性の判断基準について、理論的な検討が加えられるべきだった」とあります。やはり、研究者の目から見ても、横浜地裁の判決はお粗末だったようです。

創作性は極めて低く、著作物性の限界事例って

知財高裁の判決書によれば、「確かに、本件各写真は、ホームページで商品を紹介するための手段として撮影されたものであり、同じタイプの商品を撮影した他の写真と比べて、殊更に商品の高級感を醸し出す等の特異な印象を与えるものではなく、むしろ商品を紹介する写真として平

凡な印象を与えるものであるとの見方もあり得る」とあります。

しかし、「本件各写真については、被写体の組合せ・配置・構図・カメラアングル、光線・陰影、背景等にそれなりの独自性が表れているのであるから、創作性の存在を肯定することができ、著作物性はあるものというべきである。他方、上記判示から明らかなように、その創作性の程度は極めて低いものであって、著作物性を肯定し得る限界事例に近いものといわざるを得ない」として、ホームページの商品画像の著作物性を認める、ギリギリのラインとして認定したと述べています。知財高裁が「ギリギリのライン」を定めたということは、これが我が国の裁判所の著作物性を決める判断基準となり、同じような事件の場合、地裁や簡裁は、よほどのことでない限り、この判例に従わなければならないのです。

ここまでの判決を知財高裁が出したのですから、やはり専門家もビックリしたのでしょう。

書面・証拠の大切さ

のぞみ合同事務所　行政書士・今村正典

「著作権侵害の迷惑料として、一〇万円くらいはもらえそう」という話を松本さんから聞いたとき、すぐに「ちゃんと文書にした？　まさか口約束じゃないでしょうね」と問いました。

すると、文書は作っていないけれど、先方の三人とこちらのK社長がその場に立ち会ったから、大丈夫との返事です。でも、相手はライバル会社の画像を無断で複製して、それを自社のホームページで使用するような相手ですから、この先そのまま素直に終わるとは思えませんでした。

画期的判決

最高裁!?
松本さん、例の著作権の事件、最高裁の判例データベースに載ってますよ
行政書士 オーツカさん
DELL
おおっ 載ってる
最高裁判所
判例データベース
http://www.courts.go.jp
松本さん、学会誌読みましたよ
えっ 学会誌!?
©
コピライト
例の事件のこと、大学の先生が取り上げてコメントしてますよ
えっ 僕の事件に!?
じゃあコピーして送りますよ
うーーーん

しつこい人

勝訴 おめでとうございます
いらっしゃいませ
いやあ、すごいじゃないですか
いやあ…まあ 一万円ですけどね
てへへ
行政書士 イマムラさん
お、どれどれ
ブレンドとメロンパン
¥280です
あ、判決文みます?
まあ額も低いし 各裁判所でバラバラな判決がでてるんですよ 控訴する人もいないしね 和解しちゃうケースも多いし
ぼくの判決って そんなに画期的だったんですか
松本さんみたいに しつこい人 めったにいませんからね
あ!
ガシャーン

もちろん、口約束でも約束は約束ですから、本当ならそれを誠実に実行しなければなりません。でも、相手がそれを履行しなかったり、約束通りにしてくれなかったりすれば当然トラブルになってしまいます。トラブルになって初めて役に立つのが、約束の内容を文書にした契約書などの書類です。

和解契約を書面にしないで口約束で済ますなんていうのは、もってのほかですが、普通の取引では、まさか将来トラブルが起きるとは誰も考えていませんし、お互いの関係も良好ですから、ついつい面倒でみずくさい感じのする契約書なんて作成しないで済ましてしまいがちです。

ところが、一旦トラブルが起きると相手の言うことはとても聞きたくないし、こっちの言うことは聞いてもらえない、言ったの言わないのともう大騒ぎになってしまいます。らちが明かないので、いよいよ訴訟になったときには、契約書がないので契約の内容を他の証拠でひとつずつ証明していかなければならなくなってしまいます。

今回の事件でも、もし取り決めた内容をその場で文書にして相手の署名だけでもとっていれば、訴訟にまで至らなかったのではないかと思います。

普通なら、証拠の書類も和解の内容を書いた書面もないのですから、あきらめてしまうことになるかもしれません。相手方も書面がないのをいいことに、事件そのものもなかったことにしてしまおうと考えたのかもしれません。ですが、ここで泣き寝入りすることなく、二年間の歳月をかけて闘ったことで、他人が作成した著作物はたとえ著作物性が低くても盗用することは許されないということを改めて認識させる判決に結びついたのですから、「災い転じて福となす」ということだったのかもしれませんね。

今村正典（いまむら・まさのり）　行政書士。東海大学政治経済学部卒。大手印刷会社において、外注工場管理等の法務関係業務を経て、平成一二年九月神奈川県行政書士会登録。企業コンプライアンス、CSR導入に関するコンサルティングや講演、NPO支援等の業務を行っている。行政書士のぞみ合同事務所所属。特定非営利活動法人法曹大学名誉理事、特定非営利活動法人日本障害者スキー連盟監事。

14 著作権を侵害するってどういうこと？

▼弁護士でも理解が困難な著作権法

著作権法は文化の発展に寄与することが目的

六法で著作権法を開くと、第一条「この法律は、著作物並びに実演、レコード、放送及び有線放送に関し著作者の権利及びこれに隣接する権利を定め、これらの文化的所産の公正な利用に留意しつつ、著作者等の権利の保護を図り、もつて文化の発展に寄与することを目的とする」とあります。

自分が一生懸命作った物を、無断で他人が使い、その他人が大儲けしているのを見たら、誰だって物作りをする気がなくなります。素晴らしい写真を撮っても、気合を入れて文章を書いても、誰かにタダで持って行かれるのですから、バカバカしくて、やってられません。こういう「タダで人のアイディアを盗むこと」を罰したり、頑張って作った人の権利を守るのがこの法律です。

著作権にはいろんな種類がある

著作権は作品を実際に制作した人が有する「著作者人格権」（無断で著作を使われたときに慰謝料を請求できる）と、財産権としての「著作権」（無断で著作を使われたときには逸失利益を請求できる）があります。今回の私の事件では、原告は法人である「有限会社トライアル」のみなので、財産権である著作権についての権利行使ができます。ちなみに、実際に写真を撮影したり、ホームページを制作したのは、松本肇個人ですから、私は著作者人格権に基づく慰謝料請求を別に行うことができます。

財産権としての著作権には、複製権、上演権・演奏権、上映権、公衆送信権等、口述権、展示権、頒布権、譲渡権、貸与権、翻訳権・翻案権等があり、被告P社らは原告の「複製権」の侵害をしたと認められたのです。

著作権法違反と民法上の不法行為

のぞみ合同事務所　行政書士・日野孝次朗

著作権という権利は著作物について存在するものですから、著作物ではないものに著作権はありません。そのため「著作物なのかどうか」ということが争いになることがよくあります。「著作物なのかどうか」という判断は意外に難しくて、とても微妙なケースがよくあります。この場合の判断というものは、社会条理を推し量って「著作権法で保護されるべきものかどうか」という発想を根底において検討すべきもので、法律に具体的な判断基準が書いてあるわけではないし、法律でこまかく決めておくべきことでもありません。でも著作物に類似する情報がそこら中に氾濫している

のが現代社会ですから、私たちは日々、著作物かどうかを気にせざるを得ません。

著作権法うんぬんの問題の前に、すでに私たちは「こういう場合はどうあるべきか」という共通の判断基準をもっているだろうと思います。著作権法がどうであろうと、他人がこんなに努力してつくったものを勝手に使うのはよくない、と考える際に、いちいち法律の条文を持ち出す必要はありません。

「迷惑行為」という言葉がありますね。迷惑な行為と言ったらいろいろありますが、代表的なものをあげると、「だます」「盗む」「傷つける」といったところでしょうか。こういった迷惑なことをされたら人はどうするでしょう？　被害者の気持ちとしては、まず「やめてくれ」と思う。次に「あやまれ」。そして「つぐなえ、元に戻せ」と、こうなるでしょう。これを民法の中でもとりあげていて、第七〇九条というところでこう書いてあります。

> 第七〇九条　故意又は過失によって他人の権利又は法律上保護される利益を侵害した者は、これによって生じた損害を賠償する責任を負う。

要するに、ワザと（故意）又はミス（過失）によって人に迷惑をかけたら損害賠償請求されるという事です。他人に故意や過失で迷惑かけたら責任を取らせるなんていう事は当たり前のことで、

パクッちゃいけない世の中にするには

著作権は非常に「理解が困難な法律」なのだそうだ。
商品画像に著作権なし
そりゃそうだ。裁判官だそロクにわかってないんだから。
日本の著作権意識はまだまだ低い。
まあまあ、仕方ないじゃん
プルプル
お前が言うな！
まあいいじゃん
パクられた本人の被害を他人はなかなかわかってくれない。
「著作物性があるかどうか」に明確なガイドラインはない。
だから
著作物性が認められるのは崇高な芸術作品。日常的なパクリなど取るに足らない
などという裁判官の思いこみが通ってしまったりするのだ。
こういうの？
文学
「人が一生懸命考えたことを盗むのは悪いこと」
こんな当り前のことがちゃんと行き渡るには
みんなで判例をつみ上げていくしかない。

認められたのは複製権の侵害

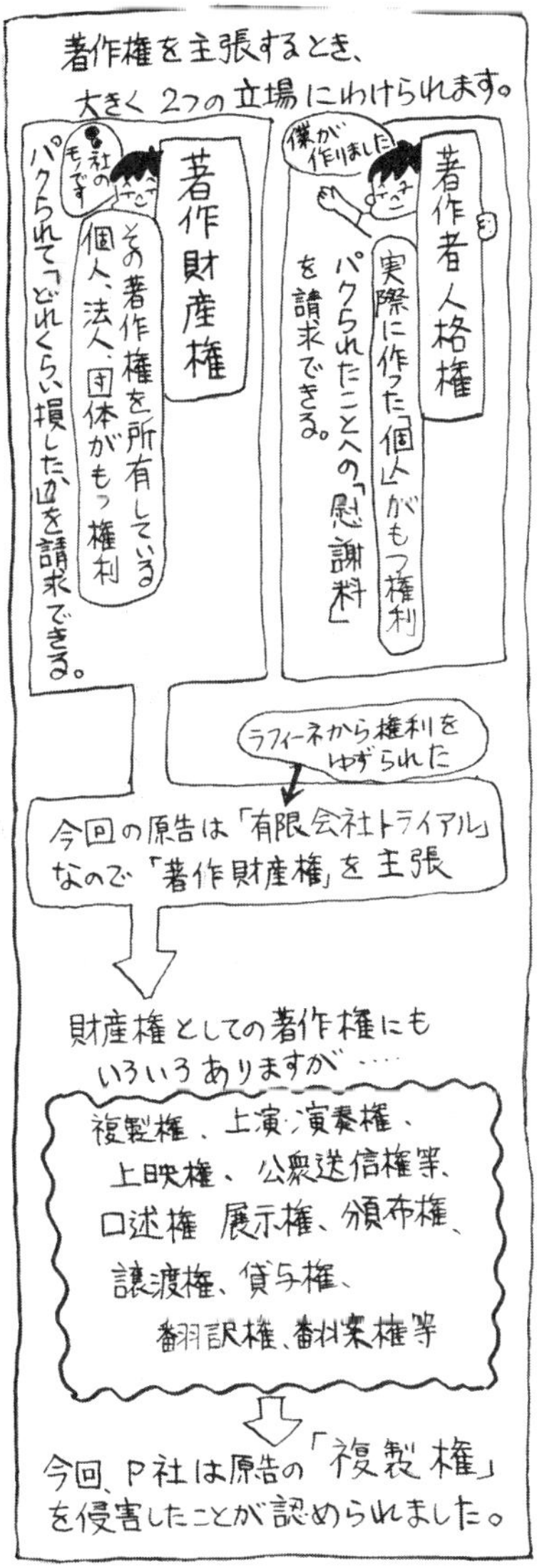

著作権を主張するとき、大きく2つの立場にわけられます。
著作者人格権
僕が作りました
実際に作った「個人」がもつ権利
パクられたことへの「慰謝料」を請求できる。
著作財産権
P社のモノです
その著作権を所有している個人、法人、団体がもつ権利
パクられて「どれくらい損したか」を請求できる。
ラフィーネから権利をゆずられた
今回の原告は「有限会社トライアル」なので「著作財産権」を主張
財産権としての著作権にもいろいろありますが……
複製権、上演・演奏権、上映権、公衆送信権等、口述権 展示権、頒布権、譲渡権、貸与権、翻訳権、翻案権等
今回、P社は原告の「複製権」を侵害したことが認められました。

子どもがジュースをこぼしたときに、お母さんが「あんたワザとやったでしょ！」とか「よそ見してるからよ！」なんていうふうに、ちゃんと故意と過失にはこだわって責任追及しています。

不法行為責任などというと、法律に立派なことが書いてあるから存在する立派な制度だというふうに思われがちですが、よく考えてみると、原始社会から存在していたであろう人類共通の常識なんですね。別に法律の知識がなくとも、私たちの意識の中に自然とすりこまれています。

他人が一生懸命作った作品を勝手にコピーして商売に使ったりしたら、それはよくないことだ、泥棒と同じだ、コピーされた側としてはいい迷惑だ。と、こういうふうに考えて差し支えないと思います。普通は泥棒といえば「モノ」を盗む人です。人類にとって「モノ」を盗むということについては、長年の経験で「悪いことである」と認識しやすいのですが、物体ではないものについては、それを盗むと泥棒と同じだ、と認識するには少々時間がかかってしまいます。刑法では窃盗罪について、「他人の財物を窃取した者は、窃盗の罪とし、一〇年以下の懲役に処する」とあって、物体ではない財産のことまで想定していません。著作物は物体ではない財産なので「無体財産」とか「知的財産」などと言われますが、お金や不動産と同じく「財産」なのです。だからといって他人の著作物を勝手にコピーすることが「泥棒」と同じくらい悪いことだという実感はわきにくいものです。財産的な損失を与えたと言う意味では同じことなのですが、「たとえ一円でもそれを盗めば泥棒だ」というようなはっきりした感覚が無体財産の場合には成立していないようです。自分自身がパクられてみれば実感がわきやすいのでしょうが、これが他人事となると共感しにくい傾向があって、これが気軽に無断コピーをやってしまう理由の一つだろうと思います。

それでも現代社会では、「タダのり」はよくないこと、つまり不法行為の一種として認識されています。だから損賠賠償請求するときには民法七〇九条を根拠として示して損害賠償請求しているのです。著作権侵害だけが不法行為ではないわけですから、たとえある無断コピーが著作権の侵害にあたらないとしても、迷惑は迷惑だと、つまり不法行為であると認定されれば、やはり損害賠償が認められるべきだということです。

ライバル不動産会社がつくった物件データベースをそっくりそのまま自社のデータベースとして使用したようなケース。データベースが著作物にあたらないとなると著作権侵害が成立しません。しかし、いかに創作性がないデータベースであっても、それを作るのにかなりの労力がかかったということであれば、それをライバル会社が勝手に利用するのは「タダのり」であるということになりえますから、不法行為責任を追及されるという事がありえます。著作権にふれなければそれでよいとは限らないし、逆に著作権を完全にまもっていては日々の活動がスムーズにゆかないという現実もある。

著作権法というのは身近でありながら、実に難しい性質をもった法律だと思うのです。

日野孝次朗（ひの・こうじろう）行政書士。明治大学法学部卒。東京税関成田税関支署、司法書士事務所勤務を経て平成一〇年一〇月神奈川県行政書士会登録。行政書士向けの著作権セミナーや風適法に関する企業向け研修、雇用能力開発機構知的財産権講義の講師を務める。共著『著作権法セミナー　みんなで考える著作権』（文芸社）がある。

VI　ケジメです、銀行債権差押え

東京地方裁判所民事第 21 部　民事執行センター
東京・目黒

15 たかが一万円、被告の銀行債権を押さえてみる

▼東京地裁民事第二一部で強制執行だ!!

判決後、何のコンタクトもしてこないP社・T社とO弁護士

知財高裁で判決が出て、私もP社も上告はしませんでした。判決が両当事者に送達され、二週間が経過すると、「判決が確定した」といい、この事件については、むしかえす事ができなくなります。

裁判が確定すると、主文で書かれた内容について、強制的に実行することができます。今回の判決書によると、「被告らは原告に対し金一万円を支払え」と「支払済みに至るまで年五分の割合による金員」、そして「訴訟費用の五分の一を負担せよ」の三点です。

「普通は相手に請求して払わない場合に強制執行すべき」って言うけれど

判決言渡しから二週間を経過しているというのに、P社も弁護士も私に連絡をとってきません。菓子折りを持ったP社の社長と弁護士が、私のもとを訪れ、深々と謝罪をし、涙ながらに封筒

に入ったお金を差し出すシーンを想像していた私ですが、いっこうにそんな気配がありません。

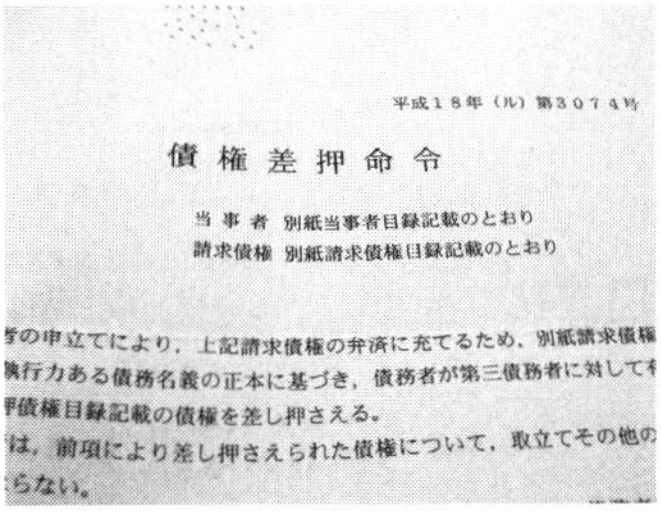
平成１８年（ル）第３０７４号

債権差押命令

当事者　別紙当事者目録記載のとおり
請求債権　別紙請求債権目録記載のとおり

の申立てにより，上記請求債権の弁済に充てるため，別紙請求債権
執行力ある債務名義の正本に基づき，債務者が第三債務者に対して有
押債権目録記載の債権を差し押さえる。
は，前項により差し押さえられた債権について，取立てその他の
らない。

画像を泥棒して、謝罪を撤回し、知財高裁で「オマエは泥棒だ！　金を払え」と裁判官に命令されたP社のくせに、何もしてきません。こうなったら強制執行です。

知財高裁に電話をかけて、「相手が金を払うそぶりも見せません。強制執行したいので、執行文と送達証明が欲しい」と述べました。すると、電話に出た職員は「普通、一万円では強制執行なんかしませんよ。相手に請求しましたか？」なんて眠たいことを言っています。私も負けてはいません。

「あのね、『普通』っていうけど、本来の意味の『普通』なら、他人の画像を無断で使わないだろうし、『普通』ならすぐに謝罪するはずなのに謝罪もしないで開き直られて裁判になったんです。やっと勝って、強制執行しようとするのがいけないんですか？」

こう言うと、さすがに執行文と送達証明を発行してくれました。

二社のメインバンク「J信用金庫世田谷支店」を五〇〇〇円ずつ強制執行

P社とT社は、二年くらい前は、自社のホームページにJ信用金庫世田谷支店とネットバンク系の銀行を掲載していました。彼らのメインバンクは、おそらくJ信用金庫の方だろうと思い、こちらをターゲットにしました。

被告の住所地は東京なので、東京地裁民事第二一部が管轄になります。二一部は民事執行センターともいい、千代田区霞が関ではなく、なぜか目黒区目黒本町にあります。

二社への強制執行に対し、別途一万八〇〇〇円の執行費用（手数料・郵便料・遅延損害金等）がかかり、賠償金と合わせて合計二万八〇〇〇円をP社とT社の口座から差し押さえることになります。

P社の口座は回収可能、T社の口座は執行不能。そのココロは？

債務者（P社とT社）が有する金融機関の債権（預貯金）を差押えしようとすると、当該金融機関は債権者である私に対し、差し押さえの可否について回答しなければなりません。J信用金庫の担当職員は、電話で私にこう述べました。

職員「P社は口座に十分な預金があるので執行可能ですが、T社は当金庫が反対債権を有しているのでT社は執行不能です」

つまり、T社はJ信用金庫から事業資金を借りているということです。

通常、金融機関に借金を申し込むと、たいていの金銭消費貸借契約書には、「債務者が破産、強制執行、差押えを受けたときは、残債務を一括して返済する」という文言があります。つまり、たとえ一万円であっても、差押えを受けたことが当該金融機関に知られたら、著しく信用を失うようです。特に今回のように、著作権法に違反して、その事件が訴訟となったということは、反社会的な行為ということで、金融機関に対する信用は、ますます低下します。

なぜかP社から二万円が銀行口座に振り込まれる

東京地裁第二一部から債権差押命令がJ信用金庫世田谷支店に届き、差押えた旨の通知がP社とT社にそれぞれ届きます。さすがの彼らもビックリしたようで、私の会社の銀行口座に、なぜか二万円だけ振り込まれます。

損害賠償は一万円で、遅延損害金を含めた執行費用が一万八〇〇〇円だから、計二万八〇〇〇円には八〇〇〇円ほど足りません。また、訴訟費用の彼らの負担分として、さらに二万円近く足りないのです。

この期に及んでもなお、P社とT社は金をケチりたかったのでしょうか。

私は値切られる覚えはありませんので、振り込まれた金をそのまま振り込み返しました。

謝罪してきたら許してやるつもりだったけど……

たかが一万円の強制執行というのは、やり過ぎかもしれません。嫌がらせかといわれれば否定はできません。ただ、私も鬼ではないので、きちんと謝罪するなり、損害賠償額と訴訟費用や執行費用を払うというなら差押え申立を取り下げてやってもいいと思っていました。

ただ、犯罪者が金だけ払って謝罪しないことに対し、私は疑問です。交通事故で子どもを亡くした親に対し、加害者が一言も謝罪せずに、保険会社にだけ損害賠償手続きをさせていたら、どうでしょう。いくら裁判で一億円の賠償命令が出て、保険会社が全額払ったとしても、加害者がただの一言も謝罪しなかったら、死んだ子どもの親はその加害者を許せますか？

たかが一万円、たかがホームページの画像といっても、私はその画像やコンテンツに長い時間をかけて、大金持ちになれるかもしれないという夢と希望を持って努力してきました。その努力を、いとも簡単に盗まれて、無駄になってしまったのです。

そもそも、著作権や特許権なんていうのは、夢と希望を持ってものづくりに励んでいる人のやる気を削がないための権利です。一万円では罰にならないけど、メインバンクの銀行口座を差し押さえるというペナルティをＰ社とＴ社に負っていただきました。

泥棒が被害者を訴える

私が強制執行をしたため、またＯ弁護士は大忙しです。謝罪すれば債権差押命令申立を取り下げてやっても良かったのですが、どうしても謝罪したくないらしく、二万八〇〇〇円を法務局に供託した上で、Ｐ社とＴ社が原告となり、私の会社を被告にして請求異議（強制執行を止める）の訴訟を提起しました。

これは既にＰ社らが法務局に供託しているので、彼らの言い分が全面的に認められました。

しかし、請求異議事件とはいえ、泥棒が被害者を訴えるというのは、おかしな話だよなぁ……と笑ってしまいます。

やってみました強制執行

判決で決まったお金、どうなるの？

16 加害者はどういう態度を取るべきなのか

▼おバカな会社が陥るおバカな行動と、その解決策

もし、私が今からP社の社長になったら、または自社の従業員が同様の事件を起こしたら、どういう態度を取るべきかについて、P社の愚行と最善の解決策について、考えてみました。

愚行1　言い訳、逆ギレ、責任転嫁

今回の私の事件において、画像や文章を盗用したP社は、社長が私のもとへ謝罪に訪れたところまでは良かったのですが、まず「従業員がやったこと」と盗用を従業員の行為と言い訳した点に問題があります。会社を経営する者は、業務上、従業員が起こした損害賠償は、全て負わなければなりません。犯罪被害者に謝罪しなければならないところで、社長が『従業員が勝手にやった』なんて責任転嫁とも取れる言い訳をするのは被害者の感情を逆撫でします。もし、どうしても従業員の行動だと言い張るなら、その従業員を連れてきて、一緒に頭を下げるべきです。

謝罪の方法は人それぞれですから、「こうすべきだ」という決まりはありません。しかし、交

通事故の被害者に謝罪するとき、当の加害者が来ないのに保険会社の担当者や加害者の親だけが謝罪に訪れても、被害者は納得できないのと一緒です。加害者自身が反省の態度を見せない謝罪は、茶番劇にしか見えないのです。

愚行2　たちの悪い弁護士で収拾をつけようとした

今回、一審・二審を通して付き合ったP社の弁護士は、かつて弁理士登録もしていた五〇歳代の弁護士で、自称「知的財産権の専門家」です。しかし、専門家というのもいろいろあって、法律には詳しいけど、紛争を解決するためのスキルがないなんて人もたまにいます。

この弁護士は、私たちに「おかしな弁護士なんじゃないの？」と思わせるほどおかしな対応をしてきました。「P社に違法性はない」ことを知らせるために「催告書」なんて題名の内容証明を送ってくるし、その「催告書」では謝罪の事実をひっくり返して「二度とP社に連絡するな」的なことまで書いてありました。

弁護士は、内容証明を送るだけなら数万円程度の報酬しか請求できませんが、わざと相手（私）を怒らせて裁判になれば、数十万円単位の報酬が入ってきます。自分で火を付けて火事にしておいて、消火活動を行う人を「マッチポンプ」なんて言いますが、弁護士が加害者の違法行為を知っていながら被害者を怒らせて金儲けを企んだのなら、とんだマッチポンプ弁護士です。

愚行3　裁判の中でも一切謝罪をしなかった

常識的に考えて、よほど頭の悪い人でもない限り、「他人のホームページの画像や文章を盗用してはいけないこと」くらい知っています。しかし、P社の弁護士は、謝罪はおろか、「商品画像は著作物ではないので無断で使ってどこが悪い？」と主張してきたのです。こうした一連の主張は、P社の本意か、弁護士に焚きつけられて同意しただけなのかはわかりませんが、申し訳ないという態度は一切ありませんでした。

愚行4　裁判を終えても謝罪はなし

法律的に見れば、知財高裁が私の勝ちとする判決を出し、かつP社に損害賠償を命じたところで話はおしまいです。しかし、知財高裁はP社が泥棒、私を被害者と認定したのです。それならば、当然に彼らは私に謝罪すべきではないかと私は考えます。画像を泥棒したことはもとより、「この裁判によって多大な損害を私たちに与えたこと」についてです。しかし、やはりP社は謝罪してきません。

円満解決の方法1　素直に謝罪する

「ゴメンで済んだら警察は要らない」なんて言葉があります。確かにそういう側面もあります。しかし、よく考えてみれば、ゴメンで済むことなんて、社会生活を行う上で、いくらでもあるのです。

頭を下げ、土下座して許しを乞うというのは、屈辱的なことかもしれません。しかし、心から謝罪して、二度と同様のことが起こらないように誓うことで、被害者の心はものすごく救われるものです。

テレビドラマや映画にもなった小説『白い巨塔』は、大きな病院で発生した医療事故をめぐる裁判を扱ったものです。こうした事故は日本中にいくつもありますが、病院側が素直に認めて再発防止策を講じるなり、適切な賠償金を払えばいいのに、いつまでもミスを隠蔽し、裁判で徹底的に争うものだから、被害者側だって意固地になります。

一方、社会人野球チーム「茨城ゴールデンゴールズ」の所属タレントが不祥事を起こしたとき、同チーム監督の欽ちゃんは、早々と謝罪してチームを解散することを発表しました。その後、転してチームは存続することになりましたが、「当該タレントの個人的な不祥事であってチームとは関係ない」なんて責任逃れの会見をしていたら、社会の風当たりがまるで変わっていたに違いありません。

私の事件だって、当該画像や文章を削除し、社長と問題の従業員と共に来て謝罪し、私の大好きなバウムクーヘンと一〇万円入りの封筒を持参すれば、弁護士に費用を支払わずに済んでいました。

円満解決の方法2　紛争解決のために弁護士だけを選択しない

法律的に困った時、人は「弁護士に相談したら?」と言います。「弁護士なら豊富な知識と経験があって、相手が素人なら余裕でやり込めることができる」と思い込んでいる人が多くいますが、これは大きな間違いです。弁護士は司法試験に合格したという意味では優秀ですが、それはあくまで試験の話であって、犯罪被害者の心を傷つけずに和解交渉をするというスキルについては大きな個人差があります。むしろ、裁判所を使って、有無を言わせずに相手をやっつけることのプロであって、カウンセリングの能力については乏しい人が多いのです。

訴訟になったら、良い弁護士であっても、悪い弁護士であっても、金食い虫と化します。地裁以上の訴訟代理というのは、弁護士の独占業務ですから、弁護士にとって訴訟はおいしい仕事です。内容証明は相手を挑発する文面で書いて、相手がそれで黙れば「内容証明一本で勝った」として依頼人は喜ぶし、挑発が効いて民事訴訟になれば多額の弁護士報酬が転がり込みます。金儲け至上主義の弁護士なら、わざと相手を怒らせることもしかねません。

むしろ、話し合いによる円満な紛争解決に関していえば、「裁判所を使う」という選択肢を初めから持っていない行政書士や司法書士などの方が、よほどマシという印象が私にはあります。

円満解決の方法3　訴訟になってしまったら積極的に和解する

民事訴訟では、いつでも和解ができます。訴えを取り下げて和解合意書を作成する方法、訴訟上の和解（裁判所が合意書を作成）による方法もあります。判決が出てしまったとしても、当事者間で合意すれば、取り下げもできるし、別に和解合意書を作成すれば和解することができます。

今回の横浜地裁の判決で、Ｐ社が全面的に勝訴した後、つまらない遺恨を残さないため、「訴

歴史はくりかえす

「あのときこうしていれば……」加害者編

訟はうちが勝ったけど、原因を作ったのはこっちだからゴメンナサイ」と謝罪し、和解するという方法もあったのです。「遺恨」は時として人を殺人者や放火魔にしてしまうこともあるのです。円満解決を避け、裁判で勝つことばかりを正義だと考えている法律家は、ただの法律オタクでしかありません。「謝罪して和解」が一番だということを推して知るべしです。

Ⅶ コンテンツ、泥棒からの自己防衛

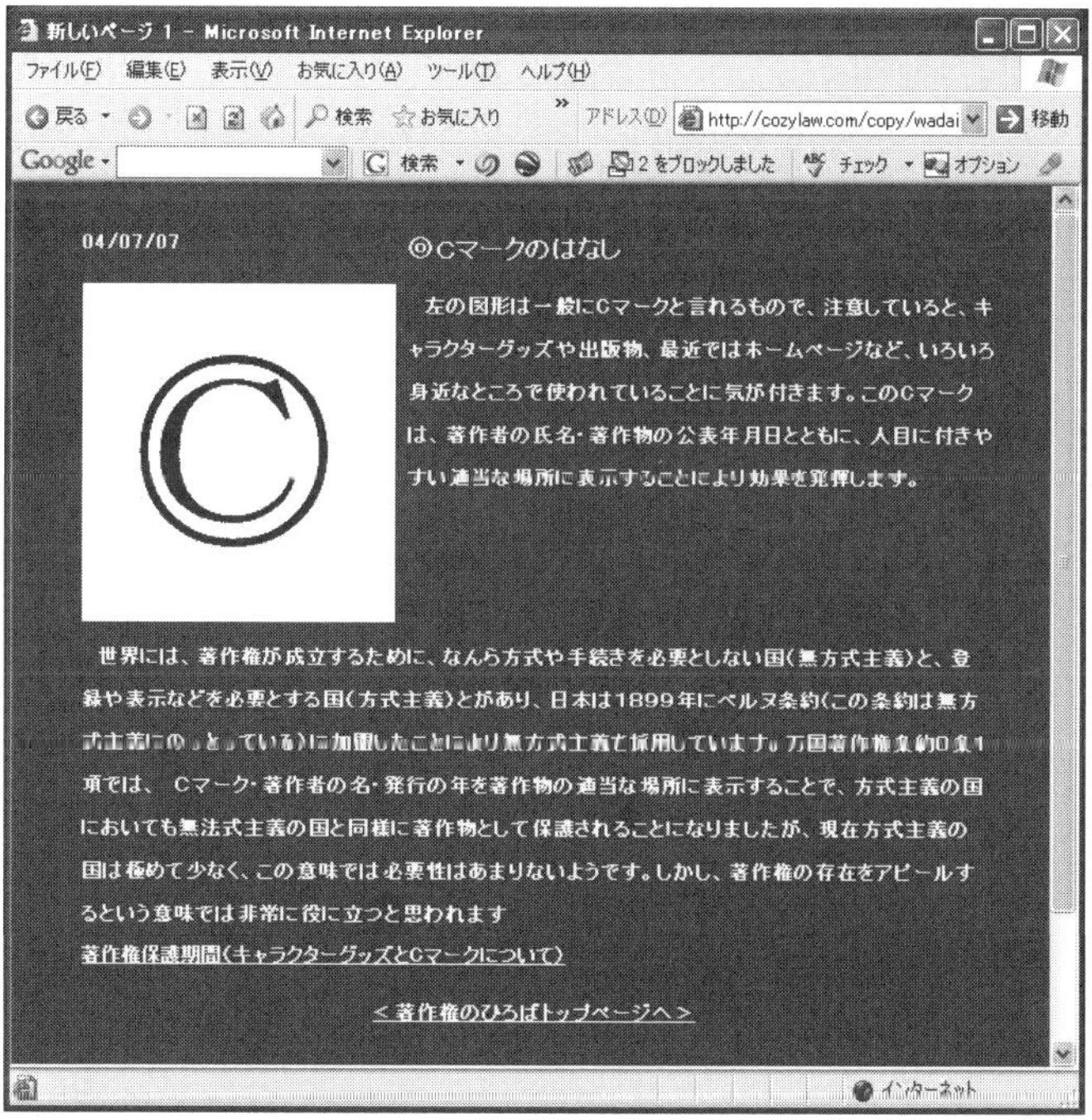

日野孝次朗「著作権のひろば」
http://cozylaw.com/copy/wadai/cm.htm
C マークの解説

17 証拠は絶対残しておく

▼プリントアウト、スクリーンショット、書面・録音・VTR

訴訟では何が問題になるのか

あなたのホームページから、何者かにコンテンツを無断盗用され、それを著作権侵害で訴える場合、「いつ」、「誰に」、「何を」を証明しなければなりません。

コンテンツが「いつからいつまで無断で使われ続けたのか」については、皆さん自身が問題の泥棒ページを発見した時から、その泥棒ページから問題のコンテンツが削除された頃を証明すれば足ります。具体的な日時がわからなくても、例えば「今年の一月下旬から八月上旬までは使用していた」ことを証明すれば、「二月一日から七月末日の六カ月間」を証明できたことになります。つまり、一月下旬の日付が入ったプリントアウトや、七月末や八月上旬の日付のプリントアウトを用意すれば良いことになります。

次に、どこの誰が責任者かを調べます。ショッピングサイトであれば、「特定商取引上の記述」といって、運営者や責任者の名前や住所が書いてありますし、独自ドメインを使用したページであれば、そのドメインの持ち主が誰かを検索すれば、一定の情報はわかります。これらもプリントアウトして保存しておきます。

そして、侵害されたのが画像や文章であれば、後で比較検討ができるように、泥棒ページと自分のページをそれぞれプリントアウトしておきます。

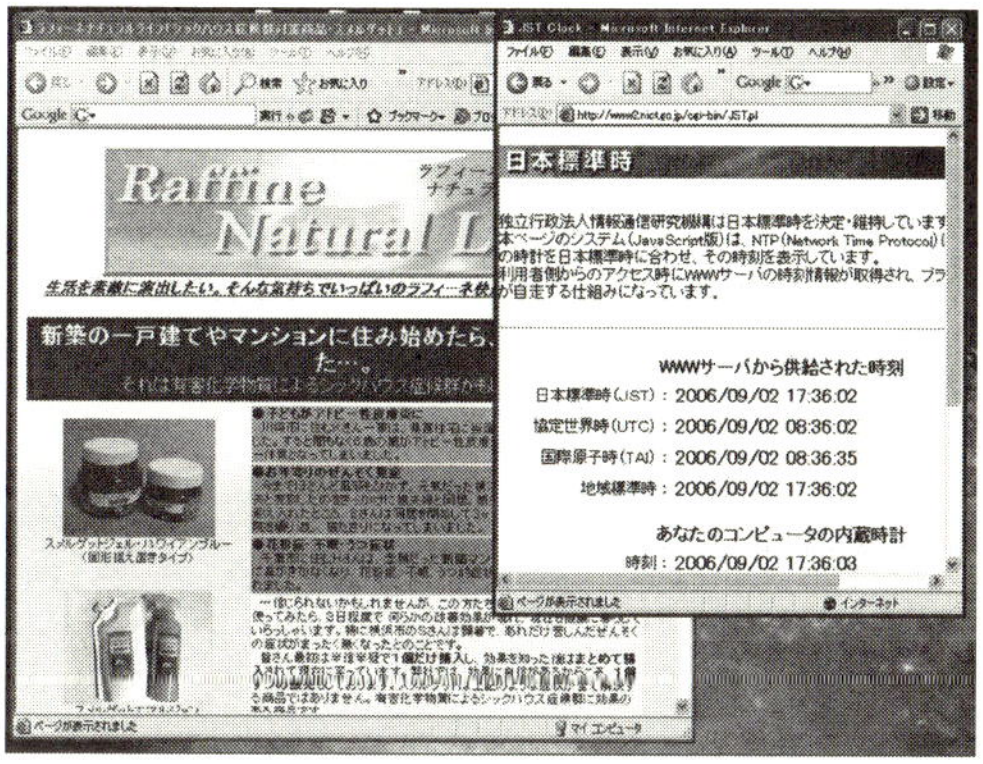

泥棒が「それはねつ造された証拠だ」と主張する場合を想定する

証拠を集めようとして、ホームページを単にプリントアウトしただけでは、相手が開き直って「その画像は使っていない」と言い張られる可能性があります。また、日付と時刻のプロパティを操作すれば簡単にプリントアウトの日時をごまかすこともできるので、「そのプリントアウトは捏造された証拠だ」なんて主張をされてしまうかもしれません。

なにしろ相手は泥棒です。「嘘つきは泥棒の始まり」なんて言うくらいですから、泥棒である前に「嘘つき」であることを肝に銘じるべきです。

万一、そのような嘘を主張されても対抗できるように、プリントアウトだけではなく、改変不可能なデータを用意しておく必要もあります。

「絶対に改変ができないデータ」なんてものはありませんが、例えばウィンドウズならコントロール（Ctrl）キーとプリントスクリーン（PrtSc）キーを同時に押すと、ディスプレイに表示されているプログラム全てを画像として保存することが可能です。日付を表示できるホームページと同じ画面にして画面を保存すれば、日時に対して高い証拠力を持つはずです。

この画像は、ラフィーネのページと独立行政法人情報通信研究機構の現在時刻を表すホームページを同時に表示させて（Ctrl キー＋PrtSc キー）で保存したものです。この画像は、「二〇〇六年九月二日現在、表示されているホームページをインターネット上で確認できる」ことを証明しています。現に、私が関与している別の訴訟でも、証拠力の高い書証として扱われています。

話し合いの内容は録音・録画で記録を残す

私の事件では、泥棒会社の社長が私のもとを訪れて、深々と頭を下げて謝罪し、損害賠償請求を承諾し、当該ホームページは違法なものとし、削除し、二度と使用しない旨の約束をしたはずなのですが、これらの事実について、内容証明や訴訟の中の主張で全て撤回されてしまいました。P社が謝罪した際に、証人となるべき人は私と相手以外にも三人いたのですが、後から「証言したくない」なんて言われてしまったので、証人としての価値が全くありませんでした。

「言った」、「言わない」は水掛け論なので、相手と話し合う時は、ボイスレコーダやビデオカメラによる録音・録画をしておくべきです。盗聴・盗撮であっても民事訴訟では証拠として使えま

証拠の残し方

①盗用されたページの保存
盗用されたホームページ
時刻を表示するホームページを同時に表示させればより強力な証拠に
Ctrlキー＋PrtScキーで画面ごと保存
盗用した方のページも同様に保存
②話し合いは録音録画
ビデオカメラ
ボイスレコーダー
※隠し撮りでもかまいません
③電話での録音グッズも色々あります。
ピン型マイクロホン ¥3000くらい
ボイスレコーダー
④録音、録画が難しいなら
ここにサインして下さい
う〜
※メモ書き程度でも可
せめて書面に残しましょう。

「あのときこうしていれば…」被害者編

この裁判で、あーしてればよかった、こーしてればよかった
ということはたくさんあります
たとえばこの謝罪
10万円で勘弁してくれませんかね
口約束だけで何の証拠もとっていなかった。
立ち会ってくれた人はいたけど
そういうのはちょっと…
後々困るし…
あとから「証言したくない」と言われればそれまで。
というわけで、裁判では本人が申し出た10万円の存在は考慮されず
証拠残しとけば10万とれたかもしんないんだよな〜
単に商品画像のみの金額となりました。

すし、必要に応じてテープレコーダを相手の目の前に出して堂々と録音しても構わないでしょう。話し合いが電話によるものなら、携帯電話も一般加入電話でも、録音用の機材は安価で販売されているので、ぜひ録音しておくべきです。

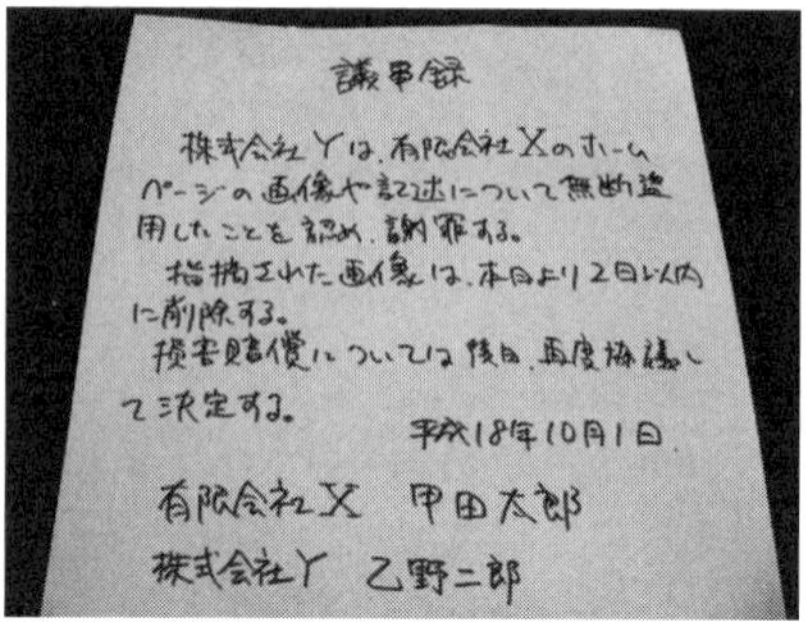
議事録

株式会社Yは、有限会社Xのホームページの画像や記述について無断盗用したことを認め、謝罪する。

指摘された画像は、本日より2日以内に削除する。

損害賠償については後日、再度協議して決定する。

平成18年10月1日

有限会社X　甲田太郎

株式会社Y　乙野二郎

録音できない状況なら、簡単な議事録や覚書を作って署名させる

話し合いをする際、その状況や機材の有無によって録音ができない場合、せめて「議事録」や「覚書」を作成しましょう。

相手は、訴訟になったら証言や主張をひっくり返すことがあるからです。

通常、契約書や役所へ提出する書類は、会社なら会社の本店所在地の記載や代表者の役職や代表者の押印が必要ですが、民事訴訟においては、裁判所はいかなる書面であっても証拠として取り扱うため、こんなメモ書きのような議事録や覚書であっても証拠として採用するのです。もちろん、相手の署名は必要です。

したがって、会話の録音であっても、こうした書面であっても、証拠は多い方が良いのです。

民事訴訟は証拠が全て

行政書士の今村さんも述べていますが、もしP社の社長が私のもとを訪れ、深々と頭を下げて

謝罪したことについて、覚書一枚か話し合いの内容がわかる録音テープが一本でもいいから証拠として残っていれば、横浜地裁は商品画像が著作物であるかどうかを判断するまでもなく、私が勝ったはずです。なぜなら、P社の社長は私に迷惑をかけたことを自ら認め、損害を賠償する旨の合意をしたのですから、これは「損害賠償契約」です。損害を賠償する契約をしたと証明できるのであれば、横浜地裁は当然に私を勝たせなければならないのです。

しかし、私はこの損害賠償契約があったことを主張したものの、裁判官が納得するだけの証拠を提示できませんでした。そのため、横浜地裁は商品画像が著作物か否かだけ判断して、私の請求を棄却したのです。

18 専門家を関与させると話は早いのか？

▼弁護士もいいけどマッチポンプ野郎には気をつけろ

訴訟代理人になれる法律家の善し悪し

私は、わざと相手を不快にするような書面を送り、訴訟に持ち込んで高額な報酬を得ようとするような、恥知らずな弁護士のことを「マッチポンプ」と表現しました。

弁護士は、合格率三％という司法試験に合格し、国家公務員待遇の給与を貰いながら一年半から二年間の司法研修を受けて得られる資格です。彼らは資格取得者の希少価値から、私たちのような一般人よりも、はるかに良い暮らしができます。また、弁護士は司法修習生の期間に人権だとか正義とは何かなど、倫理教育を受けるため、他の法律資格（司法書士、行政書士等）よりもはるかに高い倫理観を有しているとされています。

しかし、その一方で、資格取得後はろくに勉強もせず、経営者としてのスキルも乏しい弁護士も多く、弁護士バッジの威厳だけで相手を負かそうと考える者や、マッチポンプ目的ではないかと思わせる言動をする弁護士がいます。訴訟代理は一部の例外を除き、弁護士しかできませんから、知的財産権全般の専門家である弁理士や、著作権の専門家である行政書士よりも上位の資格のような気がします。しかし、それは「訴訟代理人になれる」というだけで、訴訟になる前に紛争を治めるスキルは必ずしも高くないのです。

弁護士以外の法律家に依頼するメリット

司法書士は裁判所や法務局に提出する書類の作成、行政書士は官公庁に提出する書類の作成、弁理士は特許庁に提出する書類の作成といった、基本的に「書類を作成する」という業務を通しての専門性を持っています。しかし、弁護士とは明らかに違うのは、単独で法廷に立つことのできる「訴訟代理人となる資格」を有していない点です。

司法書士は簡易裁判所の事件についてのみ訴訟代理人となれるとか、弁理士は知的財産関係の事件で弁護士と共に訴訟代理人になれる（別に資格が必要です）といった例外がありますが、基本的には法廷に立つことができません。

訴訟代理人になれないということは、大前提として訴訟を回避しなければならないため、彼らが依頼人のために取れる解決の方法は、内容証明を送るとか、示談交渉をするとか、訴訟に発展する前までの和解手続しかないということになります。

今回の事件では、最初にP社の社長と示談交渉をした後、P社の社長は不幸にも弁護士を依頼して高圧的な内容証明を送ってきました。題名は「催告書」で、商品画像の著作物性の議論を持ち出して「法律的に何ら問題はない」との主張をし、画像や文章を一生懸命作った私を挑発する内容でした。これは「訴訟してくれた方が金になるから、やれるもんならやってみろ」というメッセージだったとしか思えません。

最初から訴訟という選択肢を設定できない司法書士や行政書士だったら、こんな愚かな内容証明を書くでしょうか。書面を作成すると証拠が残るというのが嫌なら、私のもとを訪れて、謝罪するなり、適切な法律用語を使うなどして、何とか訴訟に発展しないよう、よく考えて行動するのではないでしょうか。

P社は、私に訴訟などを起こさせないよう、用心棒のつもりで弁護士を依頼したのだと思います。しかし、結果的にはその用心棒が原因で訴訟を抱えてしまうことになったのです。

司法書士や行政書士に示談交渉を頼むとどうなるか

若い行政書士を主人公にした田島隆原作のマンガ『特上カバチ!』(講談社)があります。このマンガでは、主人公の行政書士が、依頼者の代わりに、敵対する当事者のもとを訪れて交渉をするなんて場面が何度も出てきます。こうした、紛争解決のために相手方と面会する行為は、本当のところは弁護士法七二条(非弁護士の法律事務の取扱い等の禁止)に抵触する行為だそうです。しかし、私にしてみれば、弁護士に依頼したために、長い年月と膨大な費用がかかる民事訴訟の日々を送ることに比べたら、和解交渉の上手な司法書士や行政書士が出てきて、法律や常識の範囲内で和解させる方が、はるかにマシなのではないかと思います。

専門家が必要なら、セカンドオピニオンを

重大な病気にかかっていると診断された場合、主治医だけではなく、患者が複数の医師の意見を聞くことを「セカンドオピニオン」といいます。例えばその病気がガンなら、治療方針を外科手術にするのか、化学療法や放射線療法にするのか、またはそれ以外の方法なのかを模索する方法として、セカンドオピニオンは多く取り入れられています。納得できない治療法で、痛みを伴ったり、リスクの高い闘病生活を送ることを避けるための基本的な考え方です。

P社はおそらく、「著作権の専門家だ」という評判を聞いて、O弁護士を依頼してしまったのだと思います。しかし、可能ならば、他に数人の専門家にも話を聞くべきだったと思います。インターネットで検索すれば、著作権をメインにして仕事をしている行政書士も出てきますし、地方ならともかく、東京には弁護士が一万人以上いるのです。

結果論とはいえ、P社が依頼した弁護士は、著作権法の解釈で、私のような素人丸出しの男に負けたのです。私は司法試験どころか、行政書士の資格も持っていません。最高峰の法律資格を持つ弁護士が、こんな私と勝負して、極めて常識的な法解釈で負けたのです。

もし、P社が二〜三件の弁護士事務所や行政書士事務所を訪れていたらどうなるでしょう。著作権のことを少しでも勉強した行政書士であったら、「何らかの問題があるので謝罪といくらかの補償をしてはどうか」などの、円満に解決するためのアドバイスはしたと思います。決して勇ましくはないけれど、円満解決の足がかりとなります。

「専門家なんて信用しない」という考え方

弁護士は難しい司法試験に合格して、初めてなれる職業です。法科大学院に入学した場合でも、二～三年の学習期間を経て、難解な司法試験に合格しなければなりません。

しかし、逆にいえば、弁護士という肩書は、試験に合格しただけの意味しかありません。

普通運転免許を持っている人を紹介する時に、「この人は運転の専門家なんですよ」なんてほめたたえる人などいないように、弁護士は法廷に立つためのライセンスを持っているに過ぎないのです。ベテランドライバーも交通事故を起こすように、弁護士だって、未熟な人やずるい奴がいるのです。

私は本人訴訟を経て、過去に一〇人ほどの弁護士とやり合ってきましたが、人間的に優れていたと認めることができるのは、二人くらいしかいません。敵の弁護士ながらアッパレという人は、老若男女の区別がありません。優秀な人は若くても優秀。おかしな人は経験豊富でもおかしいのです。

訴訟という紛争処理手続は、人と人が人生をかけて闘うものです。紛争解決の専門家というなら、法律知識だけではなく、人の心がわかる、おおらかさと柔軟な思考が必要なのです。

こうして考えてみると、「著作権のスペシャリスト」とか、「法律の専門家」というのは、ただの法律知識を山ほど詰め込んでいるだけのオタクでしかないということがわかってきます。つまり、今回の事件では、本当は専門家なんて必要なかったということになるはずです。

「きちんと謝罪する」、「適当だと思う金額を提示して支払う」、「二度と悪いことはしないと約束

仕事テキトー、報酬シッカリ

まちがえても
「通知書」と書くべきところを
↓
「催告書」
金借りてへんで
準備書面で肝心の商品名まちがえる
「スナルゲット」を
↓
「スナルゲッツ」
まちがえても
消えたお笑い芸人か
ゲッツ!
負けても
「敗訴」
先生、しろうと相手だから大丈夫って言ったじゃないですか〜
弁護士報酬はしっかりいただきます。
がんばって1万円の判決におさえましたよって
じゃあ月末までに振込みお願いします

法の下の用心棒

当初、(一応)素直に謝罪していたP社
申し訳ございませんでした
ところが弁護士を雇ったとたん強気に…
サッ
オレ弁護士
キャンペーン キャッチコピー どんどんマネする
用心棒でもつけたつもりなのかますますエスカレート
他社と結託してライバルの市場排除
その代償は高くついた。
今月はこれだけお願いします
着手金
旅費日当
成功報酬
その他訴訟費用

する」という、常識的な行動で十分だったのに、弁護士のためにややこしくなったのです。

繰り返しになりますが、弁護士は訴訟手続きの専門家であっても、必ずしも円満な紛争解決の専門家とは限りません。専門家を信用しないとする考え方も必要ではないでしょうか。

19 著作権表示と違反時の賠償金を明示しておく

▼知財高裁の裁判官が教えてくれた予防策

基本中の基本「著作権表示」

多くのホームページに記載されているので、あえて詳細に述べる必要はないかもしれませんが、普通、著作権者は自らが著作権者であることをCマークで表示します。「©」や、（C）でも構いません。このマークがあろうとなかろうと、自分が制作したホームページは他人が勝手に使って良いなんてことではありませんから、マークの存在が特別にものすごい効果を生むというわけではありません。

ただ、このマークを表示しておけば、「この著作物を二次的に利用したいと思った時、誰に許可を得ればよいか」を主張することができます。私の事件でも、P社は「松本のホームページとメーカーのホームページと勘違いして、画像を使用してしまった」なんて言い訳をしています。しかし、このページには、きちんと（C）と表示し、「画像・内容の無断転載・転用を禁じます」と記載しています。だから、「誰に許可を得ればよいのかわからなかった」、「別のホームページと混同していた」という言い訳を封じることができます。

駐車場の警告看板にならって罰金を明示しておく

今回、知財高裁が言い渡した判決で、逸失利益（ラフィーネまたは私が受けた損害）を算定する根拠として、「本件各写真を被控訴人ホームページに掲載したことにより被控訴人らがどの程度の利益を受けたのかは不明でありまた本件各写真を他社に使用させる場合の使用料も不明である」というくだりがあります。この部分について、弁論準備手続の中で、T裁判長とこんなやり取りがありました。

T「松本さんのホームページは、画像を販売するサイトではなく、画像に写っている商品を販売するサイトです。だから、逸失利益を算定するには、一枚いくらなのかを明示していないと算定できないのですよ」

私「え？　じゃあ、コインパーキングなどに『無断駐車は罰金一〇万』とか書いてありますが、あんな感じで書いておけばいいってことですか？」

T「それは極端ですが、例えば『画像一枚三万円』とか、『一カ月使用で五万円』といったぐあいに、具体的かつ妥当な金額で書いておけば、我々としても算定しやすいのですよ」

裁判を経験して変更した私の会社の著作権表示
http://www.trialmall.com/

つまり、画像を無断で使用されたくない場合や、無断で使用された場合に金銭を要求したい場合は、ホームページの分かりやすいところに値段を表示させておくというのが、裁判になった時の損害賠償額の根拠となるのだそうです。

私のホームページにはそれがなかったため、判決では「本件においては逸失利益の額を証明することが極めて困難であるから、著作権法一一四条の五に基づき相当な損害額を認定するほかなく、その額については、上記事情も考慮して、一万円とするのが相当である」となったのだそうです。

こうして考えてみると、抑止効果があるか否かはともかく、このような表記をしておけば、表記されている価格表に従って著作権使用料を請求することができ、かつ民事訴訟法の「普通裁判籍」なんて規定にとらわれず、自分にとって都合の良い裁判所を「合意管轄」として指定することが可能です。

しかし、こうした表記をしておけば、必ずその表記通りの請求が通るかというと、いささか疑問です。わずか画像一枚の無断使用で、「著作権使用料一億円」なんて金額が書いてあれば、裁判所も「公序良俗」とか「権利濫用」とかの理屈を持ち出して「損害賠償契約として認められにい」なんて判断し、適正な賠償額を別途算定することも考えられます。そこで、通常の著作権使用料に少しだけペナルティを乗せた金額を提示しておくのが、一番良さそうです。

いずれにしても、とにかく金額を表記しておかないことには裁判所では高額の損害賠償請求が認められにくく、私の事件のように「一万円」なんて認定がなされてしまいます。もし、画像や記述が無断で使用されそうなホームページを持っている方ならば、明確な損害賠償請求規定や価格表を明示しておくべきです。

著作物の存在証明を残しておく

最近、ネット上の著作物を登録・保存しておくためのサービスを提供している業者がいます。こうした業者は、ある作品の制作者や権利者であるあなた（著作権者）の申請によって、その著作物が平成○年○月○日現在、現に存在していたことを第三者が証明するというサービスです。

こうしたサービスで証明された著作物の存在や内容が、裁判所でどのように判断されるかはわかりませんが、第三者が証明するという意味では効果的だと思います。

しかし、たくさんの写真を撮影したり、多くのホームページを制作している人にとって、これらの著作物をいちいち登録しておく手間やコストを考えると、あまり現実的ではないかもしれません。

あなたの画像・コンテンツを守る防衛策

コンテンツ泥棒から身を守るセミナー
講師：松本はじめ
まずは基本中の基本「著作権表示」をホームページに記載します
例：
RAFFINE.COM(C)2002
講師
はーい
作成した年
RAFFINE.COM(C) 2002
©でも(C)でもかまいません。このマーク自体に効力があるわけではなく、たとえなくても著作権は認められます。（ベルヌ条約加盟国）
なるほど〜
これがあれば
いやあ、別のホームページと混同しちゃって
なんて言い逃れさせません！
RAFFINE.COM(C)
ここに書いとろーが
ごめんなさい
そしてここ大事!!
無断盗用したときの罰金を明示!!
当サイトのコンテンツ、画像を無断
「画像一枚三万円」
「一ヶ月使用で五万円」
いただきます。
私はこれをホームページに記載しなかったばっかりに1万円しか認定されませんでした
お〜
画像に名前をのせるのもいいですね
RAFFINE.COM
画像をパクろうとする人は基本的になまけ者ですから、画像をそのまま使えなくするのはかなりの抑止力になります
メモメモ…

画像に名前を残しておく

これは単なる予防のための措置でしかありませんが、画像編集ソフト（フォトショップ等）で、このように画像の中に著作権者の名前を表記しておくと、画像を盗もうとする人は、躊躇するでしょうし、著作権者名を消すにはやはり画像編集ソフトを使っての作業が必要になります。

もし、泥棒会社が著作権者名を修正し、自己のホームページ等で使用したのであれば、「著作権法に違反することを十分に理解した上で、侵害行為に及んだ」ことになります。

そうすると、もはや民事を通り越して刑事事件に発展する可能性も問われるので、民事訴訟ではなく、警察に被害届を出すことも可能です。

20
犯罪者にはキゼンとした態度で対処する

▼犯罪者を簡単に許すと再び同じ罪を繰り返す

犯罪者は痛い目に遭わないと反省しない

皆さんもおよそ想像がつくと思います。一度、犯罪に手を染めた者は、痛い目に遭わないと再び同じ罪を繰り返します。コンビニでガムを一個万引きすることに成功した少年は、次はチョコレートを盗み、次は玩具店からテレビゲームを、そして車上荒らしや恐喝に発展します。可哀想だと思っても、この少年の人生にとっては、最初のガムの万引きをした時点で店員に捕らわれ、そして警察に突き出される方が、彼の将来にとって幸せだったのです。

一方、著作権を侵害するという行為は、直接的に人を殺すわけでもないし、実体としての物を盗むわけではありませんから、いきなり逮捕されることなんてありません。しかし、著作権法には「著作者人格権、著作権、出版権、実演家人格権又は著作隣接権を侵害した者は五年以下の懲役若しくは五百万円以下の罰金に処し又はこれを併科する」（一一九条）と規定し、懲役刑まで定めています。五年以下の懲役というのは、例えば刑法二一一条の業務上過失致死傷罪などがあります。車を運転中、わき見運転などで人を死傷させた場合と同じような量刑なのです。

交通事故だと警察はすぐに動きますが、著作権侵害のような犯罪の場合、しかもホームページの画像を無断で盗んだかどうかなどの場合、まず警察は動きません。著作権侵害の事実を警察に相談しても、被害届すら受理してもらえず、「警察は民事不介入」なんて言われてほったらかしになってしまうのが現状です。

警察に相談しても相手にしてもらえず、著作権侵害を行った本人に抗議すれば、弁護士が乗り出してきて「違法なことは何もない。これ以上騒ぐなら業務妨害・名誉毀損で訴える！」なんて言われた時には、泣き寝入りという選択肢しか見つからないかもしれません。

それでも、私は、可能な限り被害を訴え続けることは大切だと思います。なぜなら、万引きのケースと同様に、その泥棒会社の将来の著作権侵害を抑制する効果があるからです。

万引き常習者だって、捕まらないから常習者になるのです。捕まっても、一度や二度ならゴメンナサイで済んでしまうから常習者になるのです。こうした常習者をさらにエスカレートさせないためにも、警察に通報するとか、裁判所を使って損害賠償を請求すれば、少しくらいは反省します。つまり、犯罪者には、キゼンとした対応をすべきだと私は考えます。

そこで、私から皆さんに一つのアイディアを提供します。

少なくとも内容証明を送って費用を一部でも負担させる

通　知　書

弊社は、横浜市の健康食品販売会社、株式会社善人商事です。貴社ホームページを拝見したところ、http://www.dorobo.co.jp/　の中で、弊社のホームページからダウンロードされたと推測される画像が複数枚発見されました。弊社と貴社は、画像を使用する旨の契約は特に締結しておりませんから、著作権法や不正競争防止法に違反する明白な犯罪行為です。

上記の違法行為を謝罪し、二度と使用しないと約束されるのであれば、当該画像を削除した上で、本件内容証明郵便の発送手数料及び解決金として、金３万円を下記の弊社銀行口座にお振り込みください。

平成○年○月○日までに入金が確認できない場合、当該画像の削除が確認できない場合は、謝罪の意思が無いものとして、刑事告訴ならびに損害賠償請求訴訟を提起するつもりです。

お振込先　横浜信用銀行　善人通支店　普通　１２３４５６７　カ）ゼンニンショウジ

通知人　株式会社善人商事　代表取締役　大仁良雄
〒231-4567　神奈川県横浜市中区善人通１－２－３
被通知人　有限会社土炉坊　代表取締役　土炉坊平吉
〒157-5678　東京都世田谷区悪人町２－３－４

自分の著作物が違法にコピーされていて、相手が特定できる場合、いきなり訴訟を提起しても構いませんが、とりあえず内容証明を送って相手に正式に通告します。

この程度の内容証明であれば、二〇〇〇円も払えば送ることができるはずです。

泥棒会社は、自分がコンテンツを泥棒したことについて、バレなければいいと思っています。仮にバレてしまったとしても、誰も何も言ってこないうちは、何ら対策を講じません。内容証明郵便を送れば、意思表示の法的根拠はともかく、相手にとってはそれなりの心理的効果を与えることができます。

コンテンツを泥棒したことについて謝罪し、該当個所を削除し、三万円を支払えば「解決する」と書いてあるので、普通に考えれば、弁護士を雇うまでもなく解決するはずです。

謝罪や損害賠償の支払いがなければ訴えてしまえ

問題のホームページを運営する会社や個人を特定できて、内容証明を送っても当該画像を削除しない場合、謝罪もなければ解決金を振り込んでこない場合、必要な証拠を集めていきなり提訴しても構いません。画像一枚の価値は数千円でも、あなたのコンテンツを盗んだ泥棒は、味をしめて次のコンテンツ泥棒を画策しているかもしれないのです。

裁判所は基本的に被害者の味方

裁判所は権利を侵害された人たちが、その権利を行使するために訴え出る場所です。初めて裁判所を訪れる時はドキドキするかもしれませんが、法律をよく知らない人でも、弁護士を依頼していなくても、権利を持っている人の味方なのです。裁判所は事件を多く抱えていてパンク寸前なんて話はよく聞きますが、別にあなた一人が新たに訴訟を提起しても、パンクすることはありませんので、安心してください。

制作者と無断使用者のコンテンツを比較すればそれでオシマイ

著作権侵害事件というのは、難しそうに見えますが、ホームページやその画像に限れば、コンテンツを作ったのがあなたであることを証明することができて、相手がそのコンテンツを使っていることを証明できれば、もうそれであなたの勝ちです。

撮影した商品画像が、どこかのホームページに無断使用されているのを見つけたら、プリントアウトしたり、スクリーンショットで保存したりして、自分が撮影した写真と比較すれば良いのです。泥棒会社は、あなたのホームページで入手できる画像しか持っていませんが、あなたは撮影者ですから、補正前の画像や、前後に撮影した無数の画像を保有しているはずです。

そして、もし相手が「商品画像は思想又は感情を創作的に表現したものではないから著作物ではない」などというような主張をしてきたら、この本の知財高裁判決を拡大コピーして証拠とし

もしあなたが被害者になったら

著作権侵害は「モノを盗む」ことでも、実体のないものなので罪を侵している実感が乏しい。
ドロボー
ドロボーの実感ありあり
名前を付けて画像を保存
クリック
ドロボーの実感なし
被害者も「こんなことで訴えちゃっていいの・・?」と
せいぜいメールで抗議するくらいで泣き寝入りする場合が多い
NEC
たしかに訴訟となると負担も大きい
だからまずは内容証明を送って正式に抗議しよう。
〒
2000円でーす
書式が書いてある本はたくさんあります。
相手にかなりの心理的負担を与えることができます
「通知書」画像を削除して解決金として三万円※支払え
これだけしても何の謝罪も解決金の振り込みもなければ
いよいよ訴訟です。
必要な証拠を集めましょう
NEC
本人訴訟
はじめて行く裁判所は緊張しますが
ここはこう書いて下さい
けっこう親切に教えてくれたりもします。
裁判で「商品画像は著作物ではない」などとバカなことを言われたら
これが目に入らぬか
判決文 知財高裁
この本の判決文ページをコピーしてみせてやりましょう
裁判の途中でももし相手が謝罪してきたら柔軟に受け入れることも大切。
申し訳ございません
カステラ
この人も最初からこうすればいいい
円満解決するにこしたことはないですからね

※弁護士費用より安いところがポイント

て提出しましょう。今回の私の事件は、我が国の誇る知的財産高等裁判所が「商品画像も独自性がある限り著作物である」と初めて認めた判決です。よほどのことがない限り、簡裁も地裁もこの判決に従わなければならないのです。

ちゃんと謝罪してきたら許してやる柔軟な頭も必要

民事訴訟では、口頭弁論を重ねるうちに、途中で相手が和解を申し出てくる可能性があります。私の事件と同じような事例の場合は間違いなく勝訴しますが、何も相手を負かすばかりが良い訳ではありません。あまりにも意固地になり過ぎて、相手を徹底的に叩きのめし、相手の銀行口座を差し押さえると、相手の会社が倒産する可能性もあります。

相手が謝罪も損害賠償も申し出なかったならともかく、正式に謝罪をして適当な損害賠償額を提示してきたのにも関わらず、徹底的に相手をうちのめしてしまうと、逆恨みされてしまうことがあります。遺恨は、時として善良な市民を放火魔や殺人鬼に変えてしまうことがあります。長い目で見ると、円満に解決するという道を残しておくのも得ではないかと思います。

二年間に渡ってしつこく闘ってきた私が言うのもナンですが、和解で円満に早期解決し、次の仕事に取りかかって、より良いコンテンツ作りを始めることをお勧めします。

あとがき

この事件の判決を迎えてから、講演を依頼され、訴訟の顛末を学会でお話しする機会が幾度かありました。なぜ横浜地裁では「商品画像は著作物ではない」というような判決が出てしまったのか、多くの実務家や研究者が首をかしげました。

この事件で、多くの皆さんが興味を持たれた「商品画像の著作物性」などという議論ですが、実は私はそれほど興味を持っている訳ではありません。むしろ「素直にゴメンナサイ」ができなかった泥棒会社や、その会社の味方となった弁護士の対応の方に興味を持っています。

これからは、法科大学院を修了した弁護士が、大量に社会に出てきます。この大量生産時代に養成された弁護士が、「素直にゴメンナサイ」の感覚を持つ弁護士になれるのか、それとも依頼人の利益を守ろうとするあまりに、無謀な主張を続けて被害者の感情を逆撫でするだけの弁護士となってしまうのか、今後の動向をしっかりと見守っていきたいと考えております。

謝　辞

この本は、次の皆さんのご協力のもとに制作することができました。

知財高裁についての豊富な知識や情報を与えてくださった弁理士の滝田清暉さん。

P社との交渉について、法律実務上の様々なアイディアを提供してくださった行政書士の今村

正典さん、その今村さんと知財高裁まで応援に来てくださった行政書士の小笠原綾子さん。

著作権に絡むさまざまな情報を提供してくださった行政書士の日野孝次朗さん、行政書士の大塚大さん、特許庁職員のNさん、スポーツジャーナリストの水野勝成さん。

公私共に様々なアドバイスをいただいた、中京大学教授の飯室勝彦さん、東洋大学教授の黒沢香さん、特定非営利活動法人法曹大学事務局長の沢田美佐子さん、早稲田大学法科大学院教授で弁護士の四宮啓さん、専修大学名誉教授で弁護士の庭山英雄さん、神奈川大学名誉教授で恩師の萩原金美先生、カリフォルニア大学サンタクルズ校教授の福来寛さん。

私のような素人に対しても、ていねいにお付き合いくださった知的財産高等裁判所第四部のS裁判官とT裁判長。

ライターとしては無名な私の企画書を取り上げ、出版させてくださった花伝社の平田勝社長。

末筆ながら御礼申し上げます。

平成一八年一〇月一日（法の日）

トータルリーガルアドバイザー　松本　肇

資　料

平成18年3月29日判決言渡
　知財高裁　平成17年（ネ）第10094号　請負代金請求控訴事件
　（原審・横浜地裁平成16年（ワ）第2788号）
　（平成18年2月22日　口頭弁論終結）

判　決
控訴人（原告）　　有限会社トライアル
被控訴人（被告）　株式会社P
被控訴人（被告）　有限会社T
被控訴人ら訴訟代理人弁護士　O

主　文
1　原判決を次のとおり変更する。
(1)　被控訴人らは、控訴人に対し、連帯して1万円及びこれに対する平成15年6月28日から支払済みまで年5分の割合による金員を支払え。
(2)　控訴人のその余の請求をいずれも棄却する。
2　訴訟費用は、第1、2審を通じて5分し、その4を控訴人の負担とし、その余を被控訴人らの負担とする。

事実及び理由
第1　控訴人の求めた裁判
1　原判決を取り消す。
2　被控訴人らは、控訴人に対し、連帯して210万円及びこれに対する平成15年6月28日から支払済みまで年6分の割合による金員を支払え。
3　訴訟費用は、第1、2審とも、被控訴人らの負担とする。

(2)　資　料

第２　事案の概要

1　本件は、インターネット上のホームページで商品の広告販売を行う会社である株式会社ラフィーネ（以下「ラフィーネ」という。）から営業権の譲渡を受けた控訴人が、ラフィーネの著作物である写真及び文章を被控訴人らが無断で利用したことにより著作権侵害が生じ、同侵害により発生した損害賠償請求権（民法709条）を控訴人がラフィーネから譲り受けたなどと主張して、被控訴人らに対し、損害賠償及び遅延損害金の連帯支払を求めた事案である。

控訴人は、損害693万円及び年6分の遅延損害金の支払を求めて本件訴訟を提起したが、原審が控訴人の請求をすべて棄却する判決をしたので、控訴人は、本件控訴を提起した。控訴人は、当審において、最終的に損害賠償210万円及び年6分の遅延損害金の支払を求める請求に減縮した。

2　前提となる事実（当事者間に争いのない事実並びに証拠及び弁論の全趣旨により容易に認められる事実）

(1)　ラフィーネは、平成13年10月から、シックハウス症候群対策品である「スメルゲット」及び「ホルムゲット」（以下「本件各商品」という。）の広告販売をインターネット上で行うようになった。この広告販売用のホームページ（以下「本件ホームページ」という。）には、「スメルゲットジェル・ハワイアンブルー（固形据え置きタイプ）」「スメルゲットエマルジョン（霧吹きタイプ）」と題された写真（以下、前者を「本件写真1」、後者を「本件写真2」といい、両者をあわせて「本件各写真」という。）が掲載されるとともに、次の文章が掲載されている（甲1。以下、後掲①を「本件文章1」、②を「本件文章2」、③を「本件文章3」といい、本件文章1～3を総括して「本件各文章」という。）。

本件各写真及び本件各文章は、ラフィーネの取締役であり控訴人代表者であるXが、ラフィーネの職務著作として作成したものである。

(3)

①「子どもがアトピー性皮膚炎に
川崎市に住むKさん一家は、県営住宅に当選し、新築の団地に引越しました。すると間もなく６歳の娘がアトピー性皮膚炎にかかり、極度のアレルギー体質となってしまいました。」
②「お年寄りのぜんそく発症
今までほとんど風邪もひかず、元気だった横浜市在住のＳさん（65歳）は、夫と死別したのをきっかけに娘夫婦と同居。娘夫婦が自宅をリフォームして迎え入れたところ、Ｓさんは同居を開始して３ヶ月後にぜんそくを発症。入退院を繰り返し、寝たきりになってしまいました。」
③「花粉症・不眠・うつ症状
千葉市に住むＨさんは、念願だった新築マンションを購入。引越してすぐに鼻がきかなくなり、花粉症、不眠、うつ的症状をうったえ、精神科などを訪れました。」

(2)　被控訴人らも、インターネット上のホームページで商品の広告販売を行う会社であるが、平成14年11月から平成15年６月27日まで、本件各写真を、ラフィーネに無断で、自社のホームページ（以下「被控訴人ホームページ」という。）に掲載した（甲８～10)。
また、被控訴人らは、平成14年11月以降、被控訴人ホームページに、次の文章を掲載している（甲８。以下、後掲①を「被控訴人文章１」、②を「被控訴人文章２」、③を「被控訴人文章３」といい、被控訴人文章１～３を総括して「被控訴人各文章」という。)。
①「新築の団地に引越しました。そうしたら子供がアトピー性皮膚炎にかかって、アレルギー体質になっちゃったの……。」
②「今まで、ほとんど風邪もひかずに元気に過ごしていたのですが、自宅をリフォームした後しばらくして、ぜんそくになってしまったんです……。」
③「新築マンションを購入したんですが、引越してすぐ、鼻がきかなくなってきたんですよ。さらに夜眠れない、どうも気分が悪い、そんな症状が出

(4) 資 料

てきて……。|

(3) ラフィーネは、平成16年6月28日、控訴人に対し、営業権を譲渡するとともに、本件各写真及び本件各文章にかかる著作権並びにこれらの著作物に関し被控訴人らに対して取得したすべての債権を譲渡し、その旨被控訴人らに通知した。

3 争点
(1) 本件各写真、本件各文章及び本件ホームページの著作物性並びに著作権侵害の有無
(2) 被控訴人らの行為により生じた損害

4 控訴人の主張
(1) 争点(1)(本件各写真、本件各文章及び本件ホームページの著作物性並びに著作権侵害の有無)について
本件各写真及び本件各文章は、いずれも著作権法上の著作物である。被控訴人らは、本件各写真をラフィーネに無断で被控訴人ホームページに掲載したことにより、本件各写真の複製権を侵害し、また、本件各文章と類似する被控訴人各文章をラフィーネに無断で被控訴人ホームページに掲載したことにより、本件各文章の複製権ないし翻案権を侵害した。

仮に、本件各写真及び本件各文章が著作権法上の著作物に当たらないとしても、本件各写真及び本件各文章により構成された本件ホームページは、著作権法12条1項の編集著作物として、著作権法上の保護の対象となるものである。被控訴人らは、被控訴人ホームページの公開により、本件ホームページの複製権ないし翻案権を侵害した。
(2) 争点(2)(被控訴人らの行為により生じた損害)について
ア 逸失利益
被控訴人らの著作権侵害行為により、ラフィーネには逸失利益の損害

が生じ、また、控訴人がラフィーネから営業権の譲渡を受けた平成 16 年 6 月 28 日以降は、控訴人に逸失利益の損害が生じた。その金額は、合計 60 万円である。

イ　慰謝料

被控訴人らの著作権侵害行為により発生した慰謝料額は、本件各写真及び被控訴人各文章の掲載期間 1 か月当たり各 5 万円である。本件各写真の掲載については平成 14 年 11 月から平成 15 年 6 月 27 日までの 8 か月間につき、被控訴人各文章の掲載については平成 14 年 11 月から平成 16 年 8 月までの 22 か月間につき、次の算式のとおり合計 150 万円の慰謝料が発生した。

5 万円 / 月×（8 か月＋ 22 か月）＝ 150 万円

5 被控訴人らの主張

(1)　争点（1）（本件各写真、本件各文章及び本件ホームページの著作物性並びに著作権侵害の有無）について

写真や文章等が著作権法上の著作物として保護されるためには、「思想又は感情を創作的に表現したものであつて、文芸、学術、美術又は音楽の範囲に属するもの」（著作権法 2 条 1 項 1 号）でなければならない。

写真を撮影する際は、一定の制作意図をもって被写体を選択・設定し、構図を決め、光量等を調整した上で、シャッターチャンスを捉えて撮影するのが通常であるが、このようにして撮影された写真のすべてが著作物として保護されるものではなく、制作意図、被写体の選択・設定、構図の決定、シャッターチャンスの捕捉、光量等の調整において独自の創意と工夫があり、それにより他の類似写真と区別できる程度の個性ないし独自性が与えられていなければならない。被控訴人らが本件各商品を簡単に撮影した写真（甲 2・1 頁、甲 6・1 頁）を本件各写真と比較した場合、両者を区別できる程度の個性ないし独自性はみられない。したがって、本件各写真は、著作権法上の著作物には当たらない。

(6) 資 料

本件各文章は、ラフィーネが本件各商品に関して聞き取り調査をした結果を記載したもので、事実に基づいた記述である。したがって、本件各文章は事実の伝達にすぎないものであり、著作権法上の著作物には当たらない。本件ホームページについては、仮にこれが素材を集めたものであっても、事実の伝達にすぎないものであり、「文芸、学術、美術又は音楽の範囲に属するもの」とはいえない上、その選択又は配列に創作性は全くないから、著作権法12条1項にいう編集著作物には当たらない。

(2) 争点(2)(被控訴人らの行為により生じた損害)について

控訴人の主張はいずれも争う。

第3 当裁判所の判断

1 争点(1)(本件各写真、本件各文章及び本件ホームページの著作物性並びに著作権侵害の有無)について

(1) 本件各写真の著作物性及び著作権侵害の有無について

ア 写真は、被写体の選択・組合せ・配置、構図・カメラアングルの設定、シャッターチャンスの捕捉、被写体と光線との関係(順光、逆光、斜光等)、陰影の付け方、色彩の配合、部分の強調・省略、背景等の諸要素を総合してなる一つの表現である。

このような表現は、レンズの選択、露光の調節、シャッタースピードや被写界深度の設定、照明等の撮影技法を駆使した成果として得られることもあれば、オートフォーカスカメラやデジタルカメラの機械的作用を利用した結果として得られることもある。また、構図やシャッターチャンスのように人為的操作により決定されることの多い要素についても、偶然にシャッターチャンスを捉えた場合のように、撮影者の意図を離れて偶然の結果に左右されることもある。

そして、ある写真が、どのような撮影技法を用いて得られたものであるのかを、その写真自体から知ることは困難であることが多く、写真から知り得るのは、結果として得られた表現の内容である。撮影に当たってどのよ

うな技法が用いられたのかにかかわらず､静物や風景を撮影した写真でも、その構図、光線、背景等には何らかの独自性が表れることが多く、結果として得られた写真の表現自体に独自性が表れ、創作性の存在を肯定し得る場合があるというべきである。

もっとも、創作性の存在が肯定される場合でも、その写真における表現の独自性がどの程度のものであるかによって、創作性の程度に高度なものから微少なものまで大きな差異があることはいうまでもないから、著作物の保護の範囲、仕方等は、そうした差異に大きく依存するものというべきである。したがって、創作性が微少な場合には、当該写真をそのままコピーして利用したような場合にほぼ限定して複製権侵害を肯定するにとどめるべきものである。

イ　以上のような観点から、本件各写真の著作物性について検討する。

(ア)　本件各写真は、本件ホームページで商品を広告販売するために撮影されたものであり、その内容は、次のとおりである（甲 1)。

本件写真 1 は、固形据え置きタイプの商品を、大小サイズ 1 個ずつ横に並べ、ラベルが若干内向きとなるように配置して、正面斜め上から撮影したものである。光線は右斜め上から照射され、左下方向に短い影が形成されている。背景は、薄いブルーとなっている。

本件写真 2 は、霧吹きタイプの商品を、水平に寝かせた状態で横に 2 個並べ、画面の上下方向に対して若干斜めになるように配置して、真上から撮影したものである。光線は右側から照射され、左側に影が形成されている。背景は、オフホワイトとなっている。

以上から、本件各写真には、被写体の組合せ･配置、構図･カメラアングル、光線･陰影、背景等にそれなりの独自性が表れているということができる。

(イ)　なお、比較のために、被控訴人らにおいて同じタイプの商品を撮影した写真をみると、次のとおりである。

固形据え置きタイプの商品については、大小サイズ 1 個ずつを横に並べた上、ラベルが正面となるように配置して、ほぼ正面から撮影し、背景を

濃いブルー又は薄いブルーとしたもの（甲2、6)、同じサイズ2個を横に並べてほぼ正面から撮影し、背景を濃いブルーとしたもの（甲7)、1個をほぼ正面から撮影し、背景を薄いブルーとしたもの（甲4、7)、2個を前後するように配置して正面から撮影し、背景の上半分を黄土色、下半分を灰色としたもの（甲4）があるが、本件写真1は、これらのいずれとも被写体の組合せ・配置、構図・カメラアングル等が異なっている。また、本件写真1の被写体とされた商品はブルーであり、背景と同色系であるが、被控訴人らの上記写真の被写体とされた商品はグリーンであり、背景とは異なる系統の配色となっている。

霧吹きタイプの商品については、1個を垂直に立てた状態で固形据え置きタイプの商品と組み合わせて配置したもの（甲4)、2個を垂直に立てた状態で横に並べ、背景を薄いブルーとしたもの（甲6)、1個を垂直に立て、背景を薄いブルーとしたもの（甲7）があり、本件写真2は、これらのいずれとも被写体の組合せ・配置、背景等が異なっている。

以上のとおり、本件各写真は、同じタイプの商品を撮影した被控訴人らによる写真と比較しても、被写体の組合せ・配置、構図・カメラアングル、色彩の配合、背景等が異なっており、これらの要素を総合した全体の表現としても、異なる印象を与えるものである。
(ウ)　確かに、本件各写真は、ホームページで商品を紹介するための手段として撮影されたものであり、同じタイプの商品を撮影した他の写真と比べて、殊更に商品の高級感を醸し出す等の特異な印象を与えるものではなく、むしろ商品を紹介する写真として平凡な印象を与えるものであるとの見方もあり得る。しかし、本件各写真については、前記認定のとおり、被写体の組合せ・配置、構図・カメラアングル、光線・陰影、背景等にそれなりの独自性が表れているのであるから、創作性の存在を肯定することができ、著作物性はあるものというべきである。他方、上記判示から明らかなように、その創作性の程度は極めて低いものであって、著作物性を肯定し得る限界事例に近いものといわざるを得ない。

ウそこで、本件各写真の複製権の侵害の有無について考えるに、本件各写真の創作性は極めて低いものではあるが、被控訴人らによる侵害行為の態様は、本件各写真をそのままコピーして被控訴人ホームページに掲載したというものである（同事実は当事者間に争いがない。）から、本件各写真について複製権の侵害があったものということができる。

(2)　本件各文章に関する著作権侵害の有無について

ア　本件各文章については、これがそのまま被控訴人ホームページに掲載されたものではなく、本件各文章の一部と共通した部分を有する被控訴人各文章が掲載されているので、両文章の共通部分が創作的表現といえるか否かについて検討する。

イ　本件各文章と被控訴人各文章との共通部分は、次のとおりである。

（ア）　本件文章１について、「新築の団地に引越」「娘がアトピー性皮膚炎にかかり」「アレルギー体質となってしまいました」との部分。

（イ）　本件文章２について、「今までほとんど風邪もひかず、元気だった」「自宅をリフォーム」「ぜんそくを発症」との部分。

（ウ）　本件各文章３について、「新築マンションを購入」「引越してすぐに鼻がきかなくなり」との部分。

ウ　以上の共通部分は、シックハウス症候群が疑われる例を普通に用いられるありふれた言葉で表現したものにすぎず、表現上の格別な工夫があるとはいえない。

したがって、本件各文章と被控訴人各文章とは、表現上の創作性がない部分において同一性を有するにすぎないから、本件各文章について複製権ないし翻案権の侵害があったということはできない。

(3)　本件ホームページに関する著作権侵害の有無について

控訴人は、本件ホームページが編集著作物であって被控訴人ホームページの公開により本件ホームページの複製権ないし翻案権が侵害されていると

主張する。

しかし、本件ホームページと被控訴人ホームページとの共通点として控訴人により指摘されているのは、商品の写真や、商品を説明する文章自体の共通点であり、ホームページ自体の素材の選択や配列における共通点が指摘されているものではない。また、本件ホームページと被控訴人ホームページとを比較しても、シックハウス症候群が疑われる例を複数併記している点や、商品の写真を文章の左側に配置している点などが共通しているにすぎず（甲1、8）、このような素材の選択や配列における共通点はありふれたものであって、表現上の創作性がない部分について同一性を有するにすぎない。

したがって、本件ホームページについて編集著作物としての複製権ないし翻案権の侵害があったということはできない。

2　争点（2）（被控訴人らの行為により生じた損害）について

以上のとおり、本件各写真について被控訴人らによる複製権侵害が認められるので、これにより生じた損害について検討する。

(1)　逸失利益について

本件各写真は本件ホームページで商品の広告販売を行うために作成されたものであり、同様にホームページで広告販売を行う会社である被控訴人らが、本件各写真を８か月間にわたり被控訴人ホームページに掲載して同一商品の広告販売を行ったことにより、ラフィーネには何らかの逸失利益の損害が生じたものと認められる。

もっとも、被控訴人らが自ら同一商品の写真を撮影して被控訴人ホームページに掲載することは容易であり、本件各写真が被控訴人らの撮影した写真と比べて格別に優れているわけでもないことに照らせば、本件各写真を被控訴人ホームページに掲載したことにより被控訴人らがどの程度の利益を受けたのかは不明であり、また、本件各写真を他社に使用させる場合の使用料も不明である。

したがって、本件においては逸失利益の額を証明することが極めて困難であるから、著作権法114条の5に基づき相当な損害額を認定するほかなく、その額については、上記事情も考慮して、1万円とするのが相当である。

(2)　慰謝料について

被控訴人らの複製権侵害行為により生じた損害は、前記（1）の損害に対する損害賠償によって回復されるのであって、本件事実関係の下においては、著作権侵害による慰謝料請求権が発生したということはできない。なお、控訴人の請求がラフィーネの著作者人格権の侵害に基づく慰謝料請求権を譲り受けてなす請求を含むものであると解したとしても、被控訴人らの行為がラフィーネの公表権、氏名表示権ないし同一性保持権を侵害することについての具体的な主張はなく、また、証拠上もこれらの侵害を基礎付ける事実は認め難いから、やはり慰謝料請求権が発生したとはいえない。

3　結論

以上によれば、控訴人の請求は、被控訴人らに対して損害賠償として1万円及びこれに対する不法行為の後である平成15年6月28日から支払済みまで民法所定の年5分の割合による遅延損害金の連帯支払を命ずる限度で理由があるから、主文のとおり判決する。

知的財産高等裁判所第4部

裁判長裁判官　T

裁判官　T

裁判官　S

松本　肇（まつもとはじめ）

トータルリーガルアドバイザー。

慶應義塾大学経済学部中退。神奈川大学法学部法律学科卒業。神奈川大学大学院博士前期課程法学研究科修了（修士／民事訴訟法）。放送大学教養学部卒業（自然の理解、産業と技術、発達と教育）。

NHK、学研、よみうり日本テレビ文化センター講師（自分でできる民事訴訟）を経て、企画会社・有限会社トライアルコーポレーション代表取締役。特定非営利活動法人「法曹大学」理事長。

著書『短大・専門学校卒ナースが簡単に看護大学卒になれる本』（2006年、エール出版社）。新倉修編『裁判員制度がやってくる』（共著、2003年、現代人文社）。山根一眞編『ネットワーク共和国宣言』（共著、1996年、筑摩書房）。

ぼうご　なつこ
東証一部上場会社を経て、現在フリーデザイナー。

ホームページ泥棒をやっつける
――弁護士不要・著作権・知的財産高等裁判所・強制執行

2006年11月25日　初版第1刷発行

著者 ――松本　肇
画 ――ぼうごなつこ
発行者 ―平田　勝
発行 ――花伝社
発売 ――共栄書房
〒101-0065　東京都千代田区西神田2-7-6 川合ビル
電話　03-3263-3813
FAX　03-3239-8272
E-mail　kadensha@muf.biglobe.ne.jp
URL　http : //www1.biz.biglobe.ne.jp/~kadensha
振替 ――00140-6-59661
装幀 ――佐々木正見
印刷・製本 ―株式会社シナノ

ISBN4-7634-0480-6 C0036

花伝社の本

もしも裁判員に選ばれたら
—裁判員ハンドブック—

四宮啓・西村健・工藤美香
定価（本体 800 円＋税）

●裁判員制度ってなんですか？
あなたが裁判員！　裁判に国民が参加できる画期的な制度が 2009 年までに発足します。裁判員は抽選で選ばれ、選挙権を持つすべての国民が選ばれる可能性を持っています。裁判員制度のやさしい解説。不安や疑問に応えます。

超監視社会と自由
－共謀罪・顔認証システム・住基ネットを問う－

田島泰彦、斎藤貴男　編
定価（本体 800 円＋税）

●空前の監視社会へとひた走るこの国で
街中のカメラ、携帯電話に各種カード、これらの情報が住基ネットを介して一つに結びつけば、権力から見て、私たちの全生活は丸裸も同然。オーウェル『1984 年』のおぞましき未来社会はもう目前だ。人間の尊厳と自由のためにも、共謀罪は認められない。

水俣病救済における司法の役割
—すべての水俣病被害者の救済をめざして—

水俣病訴訟弁護団　編
定価（本体 1500 円＋税）

●悲劇は終わっていない
大量切り捨て政策を裁いた司法。だが、新たに救済を求める被害者が 4000 人を超え、1000 名を超える人々が、新たな訴訟に立ち上がった。世代を超える汚染はいまも住民の体をむしばんでいる……。水俣病公式確認 50 年シンポジウムの記録。

川辺川ダムはいらん！ PART ②
－ダムがもたらす環境破壊－

川辺川ダム問題ブックレット編集委員会
定価（本体 800 円＋税）

●川辺川ダムはどうなるか
かけがえのない川辺川ダムの豊かな自然。ダムが出来ると、流域の環境はどうなるのか？ダムがもたらす環境破壊を分かりやすく解説。

原爆症認定訴訟
－熊本のヒバクシャたち－

北岡秀郎・熊本県被爆者団体協議会・
原爆症認定訴訟熊本弁護団　編
監修　医師・牟田喜雄
定価（本体 800 円＋税）

●原爆症は終わっていない
医師の協力のもとに、多くの人々がボランティア活動で、原爆症被害者の精密な実態調査がなされた。熊本からのレポート

これでいいのか情報公開法
－霞が関に風穴は開いたか－

中島昭夫　元・朝日新聞記者
定価（本体 2000 円＋税）

●初の詳細報告——情報公開法の運用実態。
劇薬の効果はあったか？　施行から 4 年—現行法は抜本改革が必要ではないのか？　新聞記者として、情報公開法の積極的な活用に取り組んだ体験を通して浮かび上がってきた、同法の威力と限界、その仕組みと問題点、改善の望ましい方向についてのレポート。

市民の司法は実現したか
—司法改革の全体像—

土屋美明　共同通信記者
定価（本体 3200 円＋税）

●激変する日本の司法
司法改革で何がどう変わったか？　法科大学院、裁判員制度の創設など、当初の予想をはるかに超え、司法の基盤そのものに変革を迫る大規模な改革として結実した。日本の司法はどうなっていくのか。司法改革の現場に立ち会ったジャーナリストが、司法改革の全体